“共和国勋章”
获得者

张富清传

ZHANGFUQING
ZHUAN

钟法权——著

陕西新华出版传媒集团
陕 西 人 民 出 版 社

图书在版编目（CIP）数据

张富清传／钟法权著. —西安：陕西人民出版社，2020.6
ISBN 978－7－224－13590－9

Ⅰ.①张… Ⅱ.①钟… Ⅲ.①张富清—传记 Ⅳ.①D263

中国版本图书馆 CIP 数据核字（2020）第 063535 号

出 品 人：宋亚萍
策 划 人：张孔明
责任编辑：彭 莘
整体设计：侣哲峰 白明娟
摄 影：穆可双 等

张富清传

作 者 钟法权
出版发行 陕西新华出版传媒集团 陕西人民出版社
（西安北大街 147 号 邮编：710003）
印 刷 陕西金和印务有限公司
开 本 787mm×1092mm 1/16
印 张 17.75印张
字 数 200 千字
版 次 2020 年 6 月第 1 版
印 次 2022 年 9 月第 6 次印刷
书 号 ISBN 978－7－224－13590－9
定 价 69.00 元

老英雄张富清佩戴共和国勋章在天安门城楼上留影

作者与张富清老人

代　序

新时代的精神坐标
——评《张富清传》

／李炳银

从 2019 年初夏开始，每每打开电视，都能与张富清相遇。一位慈祥的老人，一番诚挚的话语，一颗高洁的心灵，无不令人感怀，敬仰之情油然而生。当我从新闻报道中不断学习张富清事迹的时候，收到了作家钟法权新近创作的一部长篇报告文学《张富清传》。读完全篇，顿觉耳目一新，手掩长卷，不禁感慨万千，忍不住拿起笔来，写下自己读后的感受。

金子深埋于大地，总会有面世之时。张富清深藏功名 60 余载，如今广为人知。这是金子的本质，是张富清人格贵重的地方。对这样的英雄，我们应该给予时代的礼遇与人民的敬重，并使英雄的事迹不被岁月尘封。正是基于对英雄的崇敬之心与感动之情，作家钟法权适时地出现在了英雄的面前。于是，我的桌案上就有了这部颇为厚重的英雄传记。

作家亲赴来凤，到英雄曾经奋斗的山区，回访英雄在陕西的洋县老家，在直接接触和现场采访中追寻、还原英雄一步步走过的人生岁月。少年时的不幸凄凉，加入中国人民解放军后因为行动目标明确而无私无畏的奉献，社会主义建设时期不贪图名利、始终保持艰苦奋斗的朴实作风，等等，都在作者的笔下呈现出许多生动感人的画面。书中最令人感动的是张富清对于那些为人民和国家牺牲了的战友们的真情缅怀，以及他时时以战友的牺牲精神来规范自己一言一行的个人品质。他不居功、不贪功，将自己的军功章深藏不露，连儿女都不肯告之实情，一般人谁能做到呢？张富清犹如沉默的大山，壁立千仞，不言自伟；犹如无垠的大地，载育万物，包容丰厚。对老英雄张富清看似平淡却隐藏着人生真谛的事迹的忠实记录，恰是这部作品价值的硬核所在！这种启迪，是寻常文字难以企及的。

《张富清传》带给我们的是一种崭新的阅读视角和体验，大体上可以归结出以下几个鲜明的文学艺术特色。

第一，《张富清传》用质朴而优美的文字展现了自身的创作高度，又以思想的厚度完成了张富清这个有血有肉的典型人物的艺术塑造。综观全书，一条以人民为中心的主线贯穿于作品始终，使读者在阅读中很自然地感悟到张富清之所以60余年深藏功名，坚守初心，淡泊名利，是因为其永不枯竭的力量源泉正来自为人民服务的朴素思想。张富清用自己的一生践行了“为人民服务”的宗旨，这在他看来理所当然，但在价值多元化的今天，却弥足珍贵。这正是张富清一生奋斗奉献、初心不变的源头活水，也是本书的精神旨归。不仅如此，作者的思考不满足、不局限于徘徊在老英雄隐藏功名的表层，而是对老英雄有功不居、有功不享、有功不傲的胸怀气度进行了深度聚焦与挖掘，对老英雄心系人民、为人民奋斗、为人民再立新功的豪情壮志进行了满怀深情的讴歌与赞颂。

第二，《张富清传》以多元化的文学手法对生命个体进行了全方位的描述，清晰客观地还原了人物的血肉之躯与军人本色，故事扣人心弦，引人入胜。作者抛弃了模式化、概念化的英雄人物传记套路，向读者呈现的是情感饱满、内容扎实的文学传记作品。这本书从故事切入，又借助故事展开，让人读起来，欲罢不能。精彩的故事与生动的细节骨肉相连，骨感与肉感相互依存，浑然一体。这样的叙事，就如一座山离不开石头和土一样，土是山的肉，石头则是山的骨。没有石头的山是无法矗立的，而只有石头没有土的山则是缺乏生命力的。《张富清传》从头至尾都在讲述故事，一个个故事被巧妙地衔接起来，情节流动就像汩汩的酉水河贯穿来凤县域，两岸尽是无边风景；作品中绵密的细节描写，如“找水”“风暴”“一双草鞋”“连心路”“重新站起来”等等，像西水河绽放出的朵朵浪花，斑斓多姿，异彩纷呈，让人过目不忘。

第三，一个故事就是一幅画面，无数的画面使《张富清传》既好看，又耐看。可以说，这是《张富清传》的又一个亮色。《张富清传》少有铺陈、少有渲染、少见解释，只有素描般的用笔。从头至尾，作者像旁观者一样，不议论，不评价，只是充当了一台摄像机的角色。无论是枪林弹雨的战场，还是大漠戈壁的征程；无论是深藏功名向深山，还是初心永恒担道义；无论是置身贫困的农家，还是迎接黎明的曙光；无论是困局坚守永向前，还是为民修路攀绝壁；无论是病痛的折磨，还是大爱与亲情；无论是最后一站，还是本色一生；无论是山水的壮美，还是大自然的清香……一幕幕拉近的镜头都好比让读者置身4D影院一般，能够触摸到生活的温度与质感。作品传递给读者的，是直观的情节、生动的场景和鲜活的情结，读者从中亲耳聆听人物原声，直接追逐他的人生轨迹，感受他的初心跃动。这样的创作手法，让阅读有了现场感和亲历感，人物因此而看得见、摸得着，读者也因此有感觉、有温暖，不知不觉中产生了好感和亲近感。

截至2019年冬，老英雄张富清已95岁高龄，如果把他生命的长度用文学的长度来丈量，写95万字也未尝不可。但作者采取的是淘金术，在主人公长达95年的人生长河中，沿着时间的脉络，以26个节点为闪光点，然后把这些闪光点像珍珠一样穿起来，使英雄的一生有声有色，光彩夺目。作者又像养花的高手，十分注重打顶，以防长出过长的枝条，以防过于散乱，以保持完美的造型。同时作者也像养花那样注重疏剪，以防枝条过于密集。“打顶和疏剪”使这部作品保持了干净与疏朗之美。贝茨在形容海明威的作品时说：“海明威是一个拿着板斧的人……斩伐了整座森林的冗言赘词，还原了基本枝干的清爽面目。”作者对这样的写法显然心领神会，不该写的绝不多写一笔，做到简洁明快，带给读者流畅舒适的阅读享受。

《张富清传》就像一台挖掘机，挖出来的尽是富矿。活生生的素材为张富清身上所独有，被作者独具慧眼、不辞辛苦地深挖了出来，极大地丰富了人物的内心世界，使人物在平凡中更见伟大。张富清的军旅生涯只有 6 年时间，战斗历程也只有 3 年，而他在平凡的岗位上则度过了 30 多年时光。如果《张富清传》仅仅写一个老英雄深藏功名的故事，那就太过肤浅、流于平庸了。作者别出心裁，以他深藏功名为原点，左右开弓，向面上拓展，向深处和高处延伸。张富清在战场上不怕死，是当之无愧的英雄；转业分配时，主动要求到偏远贫困的山区来凤去建功立业；在基层工作时他又从县城一路“逆行”到乡镇，无怨无悔。对张富清来说，“苦”就像一座淬砺不熄的熔炉，炼就了他一身铮铮铁骨。他小时候家贫如洗，是受饥寒的苦；给地主当长工，是受剥削的苦；在乡公所当苦力，是受压迫的苦；被拉壮丁到国民党部队里，是受欺凌的苦；参加中国人民解放军之后，为了人民翻身得解放，是心甘情愿受打仗行军的苦；进入社会主义建设时期，为了老百姓过上好日子，是义无反顾地埋头苦干；截肢后，忍受的又是疾患之苦。可以这样说，他一辈子都在吃苦，真是把苦吃够了。在《张富清传》里，我们借助作者的文字，领略到张富清的一生，经受了那么多“苦”，才臻于人生的精神完满，践行了一个共产党员的理想。“千淘万漉虽辛苦，吹尽狂沙始到金”，张富清在“苦”中证明了自己是真金，作者亦在“苦”中发现了真金。这是人生的宝藏，也是人生的真谛。

张富清 95 年的人生，正好亲历并见证了民族独立、新中国建设和改革开放的伟大时代。展示他的一生，既要有群山连绵，还要有高峰迭起。对于浴血沙场的情景，《张富清传》没有“记流水账”般平铺直叙，而是浪潮式层层推进，使情节跌宕起伏、荡气回肠。那些战斗场面第一次出现是在第一节的“血战永丰”，那是张富清战斗生涯中永世不忘、最为激烈的一次战斗；第二次是在第五节“激战壶梯山”，那是张富清勇当突击队员的英雄序幕；第三次是在第十七节“连心路”，传达出的是英雄的血性不只显现在战场上，在社会主义建设时期，同样需要奉献精神和牺牲精神；第四次是在第二十六节“初心永恒”，可谓此书的“压舱石”，借助张富清回忆杨家凹战斗的攻坚场景，既收束性地追忆过去的烽火岁月，又凸显并升华老英雄永远向前的意志。老英雄浴血疆场、勇炸碉堡、获得功勋的战斗故事，自然而然成为《张富清传》的高峰，并借助这个高峰，完成了对英雄的历史雕塑。当然，高峰离不开群山铺垫，像“进疆出疆”“到来风去”“驻村”“本色”等的层见叠出，使高峰更显巍峨，使老英雄的人生更见绚丽。

假如有人问我《张富清传》究竟是一部什么样的书，我将如此回答：这是一部围绕英雄人物史话展开的书，它给人以榜样的力量，使人深感英雄就在身边，并非遥不可及；这是一部探寻英雄人物内心世界的书，让读者切身体会到时代楷模不同寻常的人生况味；这是一部凝结英雄人物闪光点的书，点亮的是人生信仰的灯塔；这是一部还原英雄人物血肉之躯的书，给人以全身心的洗礼，树立的是精神的坐标。

我深深地感到，钟法权对报告文学有一种虔诚的热爱与旺盛的创作冲动。据我所知，他至今已出版的《那一年，这一生》《陈独秀江津晚歌》《雪莲花开》等，都是厚重之作，都倾注了他的文学才华和心血，其艺术性与思想性都高度融合，让人对他不能不刮目相看。他的作品经受住了时间的考验，取得了预期的社会效益。如果说创作也有高峰，那么即将出版的这部《张富清传》应该说是钟法权个人创作上的又一个高峰。如果说时代塑造了共和国英雄张富清，那么《张富清传》则以文字为载体塑造了另一个张富清，一个注定将载入史册，被一代又一代人铭记的丰碑人物。在当下的语境里，把报告文学写得如此厚重饱满、如此打动人心、如此赋予精神皈依感的作品并不多见。基于是，我要向作者钟法权既表示祝贺，又表示感谢！说一句掏心窝的话：这一次，你又成功了！

2019 年冬于北京

（作者系著名文学评论家，中国报告文学学会常务副会长，中国作家协会报告文学专委会副主任）

目　录

前 言

在英雄的故乡

2019 年 6 月盛夏，我来到被誉为湖北消夏之地的恩施来凤。来这里，不是为消夏避暑，不是为看美山美水，而是来采访时代楷模、全国优秀共产党员、深藏功名的老英雄张富清。

一连几天的实地采访，踏着老英雄的足迹，我走遍了他曾经工作过的三胡乡、革勒车镇、百福司、高洞等乡镇，所到之地无不层峦叠嶂、山高沟深，由此可以想象当年贫穷落后的面貌。如今，依然可见张富清当年带领群众大兴水利时修建的小水坝、带来光明的小发电站等历史见证，依然可见他不畏艰险、穿山凿壁而修筑的脱贫致富路，依然可见他脚穿草鞋翻山越岭、跋山涉水的奋斗足迹。从那渐渐远去的历史岁月中，我终于找到了张富清老人为人民服务、奋斗一生、淡泊名利的源泉，看到了他永葆初心的理想之光。对张富清老人一辈子践行“听党话、跟党走、为人民服务”的思想有了更深刻、更全面的认识。他平凡而感人的事迹，使人如沐春风，令灵魂得到净化，人生境界得以提升。

在一个凉风送爽、雨后初晴的下午，我怀着崇敬激动的心情，如愿见到了向往已久的张富清老人。当我步入老人家中那个只有一张乒乓球案大小的客厅，向老人敬礼时，张富清老人竟然撑着桌子，独腿站立与我握手，老人和蔼可亲的面容和淡定从容的举止让我心生感动。老人慈眉善目，安详地坐在沙发上，95 岁的高龄，还保持着军人的坐姿，右手放于右膝，左手放在截肢后空荡荡的裤腿上。对我提出的问题，他有问必答，毫不含糊。因为年岁已高听力下降，有时需要他的老伴孙玉兰提示和转达。采访完张富清老人，我又经他允许，仔细参观了他居住的房间，这里没有现代化的家电，清一色 20 世纪 80 年代打制的桌子、椅子、箱子、柜子，就连老人在阳台上养的七八盆花也是清一色的蟹爪兰，朴实无华中蕴含着老人一生艰苦奋斗的本色。

告别张富清老人，走出狭窄的小院，乌云渐散，雨后的南山，天际出现了斑斓的彩虹。仰望天空，我决定到离老人居所不远的烈士陵园去看看，希望从那里找到些许老英雄深藏功名 60 余年的答案线索。

烈士陵园建在翔凤山半边城的半边坡上。半边坡是小城的中心，也是小城的高地。我爬上几十级青石铺筑的台阶，走进烈士陵园的大门。残阳如血，燃烧的晚霞将烈士陵园茂盛的树林映照得一片绯红。对着大门，是一排长廊，长廊里立着十多块红军老干部的墓碑。再上几十级台阶，一个较为宽阔的平地正中，建有革命烈士英雄纪念碑，纪念碑全用青石砌成，碑座四周分别刻着毛泽东同志的语录、诗词以及贺龙元帅的题词，碑顶是一名手握步枪的战士雕塑，草绿色的军装在霞光下闪烁着耀眼的光芒。来凤县烈士陵园始建于1959年4月，当时建在翔凤镇老虎洞村的山坡上，因“文化大革命”期间遭到破坏，1971年1月，经县委、县人民政府研究决定迁建至城区东部的半边坡上，革命烈士英雄纪念碑陵园竣工时，时任武汉军区司令员杨得志亲临现场参加竣工典礼并接见了来凤县幸存的六名老红军。在高耸入云的纪念碑后面，建有红军烈士英名录。正当我细心观看一块块碑石时，迎面走来三个七八岁的小女孩。一个小女孩说，我长大了要当英雄。另一个小女孩说，我也要当。第三个稍大一点的说，我要当像张富清老爷爷那样的英雄！我听了既惊讶又惊喜，原来张富清老人的名字在来凤早已妇孺皆知。我由衷地夸赞了孩子们，其中一个叫黄文怡的小女孩问我，叔叔你是在数碑上英雄的名字吗？我说，是呀，要不你们帮我数数吧！年龄稍大些的名叫罗雨涵的小女孩就与名叫李海丽的小女孩一起，从第一块石碑认真地数了起来：1、2、3、4……101、102……她们数到312才数完。一个小小的来凤县，就有300多名红军战士牺牲在长征路上。以前，我知道红安是英雄的故乡，今天，当我面对这里一长排的“烈士英名录”，不禁感慨：原来来凤也是英雄的故乡！看守烈士陵园的门卫老李对我说，他的外公就是参加了贺龙领导的红军部队，在一次战斗中牺牲的。因为时间久远，找不到他外公参加红军和牺牲的证据，碑上也就没有他外公的名字。在来凤，像老李的外公这样没有被刻到英雄名录上的还有很多，他们成了无名英雄。

英雄自有出处，英雄血脉相连。能够活到新中国成立的英雄在来凤只是少数，像田凤武、彭绍先、刘成义等老红军，在新中国成立前夕，他们随王震领导的三五九旅去戍守新疆。解放战争时期参加解放军的张富清是其中的一员，与他们是一同赴疆的战友，他们也许相识，也许未曾谋面。1953 年年初，张富清报名参加抗美援朝离开了新疆。朝鲜停战协定签订后，张富清被分配到武汉空军文化补习学校。学习期满结业，再一次听从党的召唤，转业来到湖北省最贫困的来凤县工作。来凤人刘成义等老红军扎根边疆建功立业，陕西人张富清则为战友家乡的人民能过上好的生活，在来凤奋斗了一辈子。正可谓“埋骨何须桑梓地，人生无处不青山”。心心相印的英雄情怀，源自“为人民服务”的永恒初心。

在张富清老人眼里，那些为革命牺牲了的战友才是英雄，这是他深藏功名的朴素初衷。老人站在自家阳台上，就能看到半边坡上那高高耸立的革命烈士英雄纪念碑，纪念碑上那始终持枪挺立、严阵以待的战士，也许正是张富清老人精神的标高，也是他奋斗一生的精神动力。

回望烈士陵园，牺牲的烈士值得我们永远缅怀。而老英雄张富清居功不傲、深藏功名的情怀为来凤更添一部英雄史话、一道耀眼光芒。

晚霞依旧，霞光如金粉一般洒在英雄故里的翔凤山半边坡上……

此情此景，多么迷人，英雄的故乡让人无限神往。

序 幕

这是一个真实感人的故事，
故事发生于2019的来凤。
他以卓尔不群的英雄事迹，
给当下的人们提出世纪之问：
是什么让他烈火硝烟当先锋？
是什么让他深藏功名六十年？
是什么让他扎根山乡做奉献？
是什么让他淡泊名利守清廉？
是什么让他心装百姓甘吃苦？
是什么让他初心永恒葆本色？
是什么让他抗击病魔站起来？
是什么让他不忘党恩永向前？
……

——题记

那是2018年12月中旬的一天。来凤连日阴云密布的天空终于云开日出，阳光穿透薄雾，温情地洒在翠绿的酉水河上，洒在翔凤山半边城不远处的一栋老式居民楼上。暖色调的光芒越过锈迹斑斑的防盗网，透过玻璃窗将半个阳台照亮。

有了阳光，屋里似乎暖和了不少。一脸慈祥的张富清，满面笑容地坐在窗下的椅子上。94岁高龄的老人了，依旧是白皙而红润的面庞，脸上少见老年斑，一双眼睛炯炯有神，笑眯眯地观赏着阳台上的蟹爪兰，饶有兴致地听着收录机里播放着的节目，左手习惯性地抓着因装了义肢而略显空荡荡的左腿，右手随着高亢的戏曲节奏打着拍子，嘴里悠然自得地哼着小调。

此时，门吱的一声被打开。他的小儿子张健全走了进来。张健全在来凤县委第二巡察组担任组长，与新成立的县退役军人事务局同在一栋楼里办公。他笑着开门见山地对老父亲说："这次全国退役军人信息采集是党中央对退役军人的关怀，信息采集有政策规定，你得把你那些宝贝亮出来。"

一听幺儿这样讲，刚才还满脸笑意的张富清，顿时一脸的严肃。幺儿说的那些宝贝，他可是整整隐藏了60余载。几十年间，他对单位的同事没有讲，对儿女们没有讲，对自己的妻子也很少提及，一直把那些军功章珍藏在跟随了他大半辈子的棕色牛皮箱里，没有给任何人看过，难道这次登记就一定要将它们一一亮出？

前些日子，他在医院住院时，幺儿张健全给他提过几次关于退役军人信息登记的事情，他都未表态。从 1955 年转业到来凤那天起，他就下定决心，无论在何时何地，永不言功，永不讲自己打仗的经历，他把那些军功章一直存放在箱子里，从不示人，并打算永远地隐藏下去。他始终认为："跟那些在战斗中牺牲的战友相比，我凭什么居功自傲？我已经得到了军功章，这已经足够了！"所以在来凤，熟知他的人，与他共过事的人，仅仅知道他有过当兵的经历，却毫不知晓他是一位战功显赫的战斗英雄。

人们之所以知道他当过兵，那是因为他的头皮在战斗中被弹片划伤，受不得风吹雨淋，也经不得天冷日晒，他必须长年戴着帽子。秋冬两季，他戴得最多的是一顶蓝色的鸭舌帽；春夏两季，或草帽或斗笠。于是就有人问他，为什么要戴帽子？他就会说，头上有伤。还有人刨根问底，伤是怎么来的？他就会说是在逃难时遭飞机轰炸被弹片划伤的。如此轻描淡写的一句话，是他常用的说辞，他从不多言第二句。

可是，这一次退役军人信息登记，党组织是有要求的。听党的话，按组织的要求去做，这是他一辈子的行为准则，他从来没有在这方面打过半点折扣。既然组织有要求，他也就心甘情愿地点了头。

征得父亲同意，张健全这才走进父亲的卧室，去取那些封存了几十年从未示人的“宝贝”。在父亲卧室最里头的墙角处，立着一个老式的矮柜，柜子上放着一只颜色陈旧、铜按钮已经坏了一个的棕色牛皮箱。

几十年了，张健全从来没有打开过这只皮箱。他不知道父亲在皮箱里面装了些什么宝贝。从小到大，甚至是在成年之后，他曾无数次萌生偷偷打开皮箱窥探一下的念头。

记得很小的时候，有一次父亲从乡下驻队回来，将挎包随手挂在了墙壁上。大哥张建国好奇心强，想看看爸爸包里装了些啥。于是搬来椅子，站在椅子上取下挎包，揭开包盖一看，发现里面除了一本《毛泽东选集》、一个笔记本和一个搪瓷茶缸外，既没有好吃的，也没有好玩的，便失望地把挎包随意挂了回去。张富清办完事回到家中，一眼就发现墙上挂着的挎包歪斜着，便知道自己的包被人动了。很明显，当时能想办法够得着挂在土墙上挎包的只有 12 岁的大儿子张建国。于是张富清就问正在做作业的张建国是不是动了他的挎包。张建国是个懂事的孩子，面对父亲严厉

张富清荣获的“人民功臣”奖章（左）和纪念章（右）

的目光，他诚实地点了一下头。

一向温和的张富清，立马拉下脸，当着其他几个孩子的面，毫不留情地狠狠教训了张建国一顿。从此，在他们张家定下了一个规矩——未经允许，不得乱翻家人的东西。所以，虽然父亲的那个小皮箱经年累月摆在那儿，他们兄弟姐妹也曾一次次猜想，甚至一次次用手去触摸箱体，但最后都没有人敢去按下那金黄色的按钮。

此刻，张健全打开按钮的一瞬，他的手竟微微颤抖起来。随着“当”的一声响，锁扣弹起，他掀开了箱盖。箱子里面还盖着一层红色的绒布，揭开绒布，一枚枚闪亮的军功章整齐地摆放在右侧，一本本证书叠放在左侧。他拿起其中一枚军功章，只见正中间是毛主席的侧身头像，背景是飘展的五星红旗。这枚刻着“人民功臣”的一等功勋章保存得十分完好，没有因为时间久远和长久封存而生锈褪色或变得暗淡无光，失去原有的亮泽。

阳光投进屋子，落在军功章上，一时金光熠熠，光芒四射。张健全手捧军功章来到客厅，小心翼翼地将它放到父亲的手中。张富清神情凝重，深情地注视着封存多年的军功章，好久没有说一句话，记忆之门如同被一把金钥匙打开，眼前浮现出 60 多年前王震司令员为他颁发奖章时的情景，耳畔响起彭德怀司令员的亲切鼓励。

张富清隐藏功名的消息不胫而走，武汉一家新闻媒体记者慕名而来。刚开始张富清就不愿意接受记者的采访，更不愿意讲自己打仗立功的事儿。张健全只得反复做父亲的工作，说："人家记者不辞辛劳，那么远从武汉跑来，你不能让人家空手而归。再说了，我也很想知道军功章的来历，要不然退役军人事务局的同志问起我来，我若是一问三不知，给人家讲不清楚就很尴尬。"

张富清用手轻轻地抚摸着奖章的边缘，一幕幕攻打永丰的战斗往事在他脑海里渐渐闪现并清晰起来。良久，他才缓缓地向记者和幺儿张健全讲述起那场永远不会忘记的战斗经历……

多少年了，这是张富清第一次打开封存已久的记忆，第一次向他人讲述自己的战斗经历；同样，于张健全来说，这是平生第一次听父亲讲他自己的打仗故事。

一、血战永丰

那是1948年的冬天，我西北野战军在彭德怀、贺龙、习仲勋、张宗逊的领导下，以蒲城县永丰镇为核心，向国民党第七十六军发起攻坚战。西北野战军前委于

11 月中旬下达发起冬季攻势的命令，决定实现再歼胡宗南集团两至三个师，从而改变渭北拉锯与相持局面。

国民党军队装备优良，物资丰厚，并且倚仗镇内高大坚固的围寨负隅顽抗，所以两军交战很是激烈艰苦，我军也付出了很大的牺牲。

攻打永丰是在一个漆黑的深夜。西北风肆无忌惮地刮着，借着夜色的掩护，我军各参战部队悄无声息地进入战斗攻击位置。战斗命令下达后，我军炮兵部队率先对敌人外围工事进行了密集的炮轰。炮击一停，部队立即发起进攻。一开始外围战打得还算顺利，但一到城墙跟前，攻击受阻，再难往里突破。敌人以四米高的城墙和近两米深的壑壕为依托，凭借有利的地形和强大的火力优势将我军阻挡在城外。虽然我军的大炮摧毁了敌人城外的阻击战壕，但土城墙却毫发未损。夜幕中，嗒嗒嗒的轻重机枪声响彻夜空，子弹嗖嗖嗖像蝗虫一样在天空乱蹿。几轮冲锋下来，不仅未能攻克土城墙，敌人的猛烈火力还给我们的攻城部队造成了很大的伤亡，二营先后有几名正、副连长倒在了冲锋的路上。

张富清所在的六连是突击连，此刻为了尽快攻克城墙，连长李文才趴在壕沟里红着眼睛怒吼道：“突击队上，机枪掩护！”突击队员早在永丰战斗打响前就选定了，三个人一组的突击队集合到了李文才面前。李文才用手比画着说：“张富清，你带两组从左边迂回到东城墙下，第二组五班长带一组从右边迂回到北角，给狗日的来个两头开花，炸开缺口。”连长话音刚落，两组突击队员一齐高呼：“坚决完成任务！”

大半年前，张富清还是国民党军的一名伙夫。他知道，国民党军大多贪生怕死，都不愿意当敢死队员，不用枪逼着，不发“袁大头”，就不会有人主动参加敢死队。自从加入中国人民解放军，成为三五九旅七一八团二营六连的一名战士，解放军官兵英勇献身的精神时刻感染着他，解放全中国的使命召唤着他，兄弟般的战友情温暖着他。几场硬仗打下来，他仿佛凤凰涅槃，胆子一下子大了，不再怕死，每次战斗他都勇当突击队员，冲锋陷阵在最前头。他因为在几个月前的壶梯山战斗中表现英勇，由副班长提拔为班长。永丰战役打响前，已身为副排长的张富清在连队组建突击队时，又是第一个站了出来报名。

凛冽的寒风裹挟着呛鼻的硝烟扑面而来。连队的几挺机枪集中火力一齐向城墙猛射，以吸引敌人，掩护突击队。张富清背着冲锋枪，猫着腰，右手臂弯搂着炸药包，带领突击队员绕过壕沟突击到了城墙下。城墙是土夯的，高约四米。城墙上的敌人与我军打得正酣。借着炸弹的闪光，他们快速匍匐到土墙下，往三个炸药包的绑带上各塞了八颗手榴弹，并将后盖拧开，将拉环用一根细绳连在一起。然后，将三个炸药包用木棍支撑起来靠在被风雨侵蚀的土墙凹面里。做好这一切，张富清转身对另外两名队员说："你们赶紧跳进壕沟里。"

随着两个身影消失，张富清沉着地拉响了插在炸药包里的手榴弹。

离手榴弹爆炸只有几秒钟的时间，跑是来不及了，张富清先是猛地一个前扑，继而一连几个翻滚，人便像一个滚动的地瓜落进城墙脚下不远的壕沟里。

随着几声剧烈的爆炸，他们卧倒贴在地面上的身体被震得直抖，头被震晕了，身上落了一层泥灰。此时，嘟嘟嘟的冲锋号声响了起来。号声就是命令，他们摇摇晃晃地站起来，抖落身上厚厚的灰土。稍一放松，张富清只觉得嘴里一阵剧痛，忍耐不住，吐出一口鲜血。原来满口的牙被穿云裂石般的爆破震松，三颗大牙当场脱落。在以后的岁月中，张富清其余的牙齿也没能伴随他长寿的生命年轮，而是早早地陆续掉光了。

土城墙被炸出了一个很大的豁口，夜幕中，黑魆魆的，像巨人张开的大嘴，又像一口深不见底的枯井。张富清赶忙跃出壕沟，身旁两名战友也紧紧地跟了上来。他们顺着豁口爬了上去，身后的大部队也正黑压压地冲了上来。按照连长的命令，炸开城墙后，要不顾一切往里面冲，去占领敌人的司令部，那是我军赢得胜利的最终目标，也是此次战斗胜利的标志。

张富清带着两名战友跳下城墙奋不顾身地径直往里打去，在通往敌军司令部的十字路口，两座碉堡里的机枪正嗒嗒嗒、嗒嗒嗒地狂叫着，射出的子弹呈交叉状死死地封锁了前进的道路。张富清对紧跟在他左右的两名战士命令道："跟上我，贴着墙根绕过去。"最终，他们匍匐到了敌人碉堡前的战壕下。张富清解开胸前绑炸药包的布条，他对两名突击队员说："别用导火索引爆，那样引爆速度太慢，直接插进手榴弹，一个手榴弹不放心，插两个，把拉线连在一起。"一个战友说："手榴弹响得太快了，危险。"张富清果断地说："你看狗日的多疯狂，手榴弹晚响一分钟，我们就会牺牲更多的战友。执行命令，听我的！"说完他用手一比画："你们两人炸左边的一个，我炸右边的一个。"

火光中，只见这边几个忽隐忽现的身影跳跃着，那边像潮水一般的队伍涌动着，"缴枪不杀"的呼喊声清晰可辨。时间就是生命，他们以最快的速度，朝着那吐着"火龙"的碉堡靠近。随着两声巨响，一个

追忆牺牲的战友，张富清神情凝重，难以抑制内心的悲痛

碉堡被张富清揭了顶。接下来，张富清又左冲右突，将另一个碉堡炸塌了一个角。然而，当张富清再一次从壕沟里站起时，只觉得两眼模糊不清，嘴里还有淡淡的血腥味，情急之下他用左手顺着额头朝下一抹，伸到眼前一看，手上全是鲜血。血还在不停地从他头顶上往下流，那是刚才站起来时，一颗子弹从他头顶上飞过，像耕田的犁一样划开了他的头皮。他顾不得疼痛，用手再擦了一把额头便继续往前冲。待他回头时，竟发现原本紧跟身后的两名战友均已不幸中弹牺牲了……

讲到这里，老人的声音戛然而止，两眼已饱含泪水。

天放亮了。对敌攻击进入尾声，激战的枪声渐渐趋于平缓。“缴枪不杀”的吼声此起彼伏。脚下的阵地尸横遍野，硝烟弥漫了半个天空。一阵寒风卷过后，背上背着两支步枪，怀里抱着一挺机枪的张富清看到了在主阵地上飘扬着的鲜艳军旗，那是六连的红旗。他激动地迈开步子朝着迎风招展的红旗奔去。

战斗结束后，张富清回到连队才发现，全连原本110多人，现在只剩下一个班的人数，许多张熟悉的面孔都不在了，那些牺牲的战友在战斗打响前，都是活蹦乱跳的生命啊！可就在一夜间，他们为了新中国的解放事业而光荣牺牲了。他实在忍不住了，趴在地上失声痛哭，哭得撕心裂肺，哭得肝肠寸断。最终他的哭声被呼啸的风声、零星的枪炮声和胜利的欢呼声淹没。在以后的岁月中，只要回忆起那些牺牲的战友，就犹如旧伤复发，他的心底就会隐隐作痛。

张健全万分惋惜地问道："为什么会牺牲那么多人？"

张富清说："敌人是守，有城墙防护不说，而且装备精良，仅守城的敌军就有一万多人，而我军是攻，攻城自然伤亡大……但是我们还是打败了敌人！"

史料记载：永丰战役，西北野战军共歼灭国民党军1个军部、3个师部、9个团又7个营，计2.5万余人；毙伤第十七师少将师长王作栋及以下官兵7600余人；俘获第七十六军中将军长李日基、少将参谋长高宪岗，第二十师少将师长吴永烈，第二十四师少将师长于厚之，第十七师上校副师长张恒英等及以下官兵1.7万人。彻底粉碎了胡宗南所谓"重点的机动防御的新战术"，收复并巩固了澄城、郃阳（今合阳县）、白水地区，拖住了胡宗南集团增援中原，配合了淮海战役，并解决了部队粮食问题，为冬季整训创造了条件。12月1日，中共中央致电彭德怀、贺龙等，祝贺冬季攻势取得的巨大胜利。

在永丰战役中，张富清凭着勇敢和机智，炸开了城墙，炸毁了两个碉堡，光荣地完成了突击任务。

为表彰他的战功，第二纵队司令员兼政委王震亲自为张富清颁发一等功勋章，西北野战军司令员彭德怀夸赞张富清说："你打仗不怕死，为永丰战役的胜利立了一大功哇！你是个好同志！"

几个月后，经彭德怀签署，红彤彤的报功书邮到了张富清位于陕西汉中洋县马畅镇双庙村的老家。

直到此时，双庙村的乡亲们才知道，几年音信全无的张富清，不仅还活着，而且光荣地加入了人民解放军，并且立了大功，成为了不起的战斗英雄。

二、长 工

张富清是一个生在乱世的孩子，一个在苦水里泡大的孩子。

1924 年 12 月 24 日，大雪纷飞的秦岭深山腹地，汉中洋县马畅镇双庙村村民张前成的媳妇周爱女为他生下第三个儿子。因为大儿子不幸夭折，张前成对这个新生的孩子极为重视，他满怀希望地找到双庙村最有文化的孙乡贤给只有小名尚未取大名的三儿子取名为张富清。

洋县是个好地方。在古代被喻为“汉上明珠”，在今朝被称为“朱鹮的故乡”。从地理上看，它北依秦岭，与留坝县、太白县交界，南靠巴山，东接佛坪，南邻西乡县，西毗城固县。地势相对平坦，不像北面的佛坪、留坝等深陷秦岭深山。洋县像一口大锅平展地摊在秦岭大山的余脉之中。从洋县出发一路向西，行走十余公里，过谢村镇，再往前走十多公里就到了马畅镇，从马畅镇往西走不多远就到了双庙村。双庙村正好处于洋县的“锅底”，这里河流纵横，远有汉江，近有湑水河；这里水网交错，水田密布，土地肥沃，以种稻为主。

马畅镇过去叫马场镇。因在三国时期是刘备的养马场而得名。后来，蜀、魏、吴相继灭亡，三国时代结束，战争停歇，休养生息，民众不养马了，改种稻谷，马场镇改名为马畅镇。马畅镇西靠子房山，前临湑水河，北与谢村镇接壤，西与城固相邻。方圆几十公里平坝，绿茵茵的稻田像蓝色的大海拥抱着的一片片绿色小岛。大小村庄，几十里间星罗棋布，一派田园风光。

穿过马畅镇往西北走不多远就到了双庙村。很显然，双庙村是因村庄里的两座庙而得名。时过境迁，沧海桑田，如今已难觅双庙的踪影。

张富清的父亲张前成，是一个老实巴交的赤贫农民，一个靠种地、打短工谋生的穷苦人。张前成家日子过得凄苦。仅有的三间土坯房，又低又矮，仅可遮风却无法挡雨。每逢雨天，是外面大下，屋内小下；雨停后，是外面不下，屋内照下。三亩水田，因为产量低，加上家大口阔，生产的粮食难以糊口。张前成只得带着大儿子四处给人打短工，在勉强填饱二人肚子的同时，顺便挣点余粮，补贴一大家人的口粮。不想大儿子因病无钱医治而夭折。俗话说，福无双降、祸不单行。就在张富清长到三岁左右尚不记事的时候，张前成突患重病，也因无钱医治，不久病逝，时年四十有余。下葬时，因家徒四壁，买不起一口薄棺，仅裹了一张篾席，在湑水河边挖了一个土坑草草埋葬。

张前成中年病故，对贫困的张家来说是雪上加霜，就如天塌了一般，这条在风雨中飘摇的小划子，随时都有可能被浪花打翻。好在张富清的母亲周爱女性格坚强，她虽然是个小脚女人，却以顽强不屈的精神撑起了这个一贫如洗的家，以慈爱和坚韧含辛茹苦地带着二儿子张茂茂、女儿张润莲、幺儿张富清在饥寒交迫的贫穷线上苦苦地挣扎。

张富清在兵荒马乱的战乱年代出生，在苛捐杂税猛如虎的苦难环境中成长。据周爱女给孙子张树积（张茂茂之子）所讲，张富清长到五六岁的时候，羸弱得像一只小病猫。七八岁该上学启蒙了，但家里穷得常常连盐都买不起，哪里有多余的钱供他读书？

在那个灾难深重的时代，读书对于赤贫的农家孩子来说就是一种不知天高地厚的奢望。对张富清而言，别说读书，只要有口饭吃，能够把命活下去，就算幸运，就算前世积了大德。一个无书可读、无耕牛可放的穷孩子，每天能做的就是在家看守自家的三间土坯房。

张富清从小缺乏营养，到了十一二岁的时候，还是那样瘦弱。为了不走背井离乡讨饭那条路，周爱女托娘家亲戚说情，将张富清送到了城固县宝山镇东庙村一户姓魏的地主家当长工，条件是管吃管住，年尾给两斗米。

在张富清幼年的记忆里没有任何欢乐可言，只有黑暗与苦难的阴影时刻相伴；在他少年的时光中，暗无天日的境遇没有带给他一丝温暖，反倒是尝尽了人间的苦楚和辛酸。

在魏地主家，张富清每天除了放几头牛，还担负挑水、打扫院子的活计。地主家可不像穷人家只有一个小水缸，地主家的水缸有好几个，而且都大。厨房摆着两个大水缸，洗漱间摆着一个大水缸。三口大水缸，可不是几担水就能挑满的，而是要挑十多担。每天天不亮张富清就起了床，起床后先要把三口大水缸挑满。一个水缸可装 8 桶水，他一共要挑 12 担 24 桶水。一桶水近 50 斤重，一担水近百斤重，12 担水挑下来，张富清累得上气不接下气，饿得前胸贴后背。肚子饿了，可还没有到吃早饭的时候。这个时候太阳刚刚爬到东山的顶上，他还得把牛赶到山坡上或者汉江的河滩边去放养。张富清两脚发软，两腿无力，他很想骑在牛背上，省省力气，可是地主说了，牛不是马，牛是用来耕田的，马才是供人骑的。言下之意，你只能放牛而不能骑牛。张富清害怕丢了长工这个饭碗——虽然每天仅吃残羹剩饭填饱肚子，但不至于一日三餐喝稀粥度日——所以他从不敢骑到牛背上，哪怕是刮风下雨道路难行，他也只能跟在牛屁股后面，踩牛脚窝子，在泥泞的路上赤脚行走。待他把牛赶进山里或河滩上时，正好太阳吸干了挂在草尖上的露珠，正适宜水牛啃吃。

日上三竿，牛的肚子吃饱了，他才能把牛赶回地主家。此时，他早已饥肠辘辘，饿得两眼直冒金星。饭菜摆在厨房的案板上，虽然是剩饭剩菜，可对张富清来说，却是美味佳肴。吃完饭，张富清就拿起笤帚扫院子。地主家的院子分大门里的院子和大门外的禾场，一院一场有近两亩地，扫下来也得好一会儿。本来，扫院子应该在早晨进行，可魏地主家里人嫌早晨扫院子太吵人，所以就改到了中午前。到了下午太阳偏西，张富清还得把牛赶出去放一次，天快黑时再把牛赶回来。吃过晚饭，还有很多杂活要干，诸如推碾子碾米、推磨子磨面，……一直忙到天黑得不能干活为止。黑的夜，是张富清的救星。在那间又小又窄的阁楼上，他才能安稳地躺在床上美美地睡上一觉。

这就是张富清的长工生活。地主给你一日三餐，你就得从早干到晚。为了有口饭吃，为了活下去，再苦再累，张富清也得咬牙在魏地主家干下去。

张富清长到16岁的时候，身体还不见怎么发育，还是那样地瘦弱。地主家雇的是长工，不养闲人。无论是壮实还是瘦弱，既然吃了地主的饭，就得像牛马一样干活。16岁的张富清，不再以放牛为主，而是要担负种地的活计了，耕田、挑粪，什么样的重活、苦活他都得干。耕田，不仅是一项技术活，更是一个力气活。耕田的人首先要驾驭好犁田的牛，要让牛听你的话；其次是能够驾驭耕田的犁，调遣使用自如。驾驭耕田的牛，就得掌握使唤牛的语言，那些只可意会不可言传的特别用语，没有任何一个人能告诉你，只能在劳动中慢慢获得。所以说一个合格的农把式，不仅要有很好的体力，还要掌握一定技巧。那时，张富清的身高仅仅比犁把略高一点点，体重也比犁重不了多少。每次牛耕地耕到了尽头，他吆喝牛掉头时，要使出吃奶的力气才能把犁从地里提起来。刚开始的几天，他的身上脸上头上被自己和牛弄得满是泥浆。这样的付出如果能有好的收获也算是一种安慰，但实际上，他犁的地，深深浅浅歪歪扭扭，本来平整的一块农田被他犁得乱七八糟、凹凸不平，地主很不满意。好在地主家的地有的是，够他一遍遍一次次练习。挑粪就没有多少技术含量了，全凭一身好力气。可恰恰张富清的胳膊腿都细如麻秆，人刚刚比挑粪的粪筐架子略高一点，挑上粪筐走平路还行，要是走上坡路，坡稍稍陡一点，粪筐底就会擦到地上。别人挑十趟，他只能挑五趟。地主老爷见了心生不满，狠心想辞了他，可有时又觉得这个没爹的孩子确实可怜，几番动心思，最终因张富清听话老实，也就没有解雇他。

这是一个什么世道啊！没黑没白地给地主扛长活，像牛马一样受人使唤，没有自由，没有尊严，有的只是辱骂和冷眼，还得死乞白赖地守在人家家里，以求有口饭吃，把命活下去。凭他这个弱小的身躯是无法改变现状的，他只能泡在苦水里继续受煎熬。

三、奴 仆

20 岁，是闪光的青春，是充满梦想的年华。20 岁的小伙应该长得虎虎生风，可张富清依然既瘦弱又矮小，他看不到人生的一丝曙光，依然在泥沼里艰难跋涉，苦难的生活何时是个头呢?

万没料到，扛长工的苦日子还没熬出头，更大的灾难又降临到了他的头上。

抗日战争胜利后，国民党急于实施反共方针，加紧部署全面内战，在国统区征集兵丁的数量逐年剧增。1945 年年底，国民党胡宗南部继续在富庶的汉中抓壮丁。

张富清的二哥张茂茂被抓了壮丁。自大哥夭折之后，二哥便成了家里的顶梁柱。更重要的是，贫穷的张茂茂不久前好不容易娶上了媳妇，承担着延续张家香火的重任。一旦他被抓到部队，不仅家里唯一的劳力没了，而且为张家续香火的大事可能也将化为泡影。在周爱女的眼中，身体瘦弱的小儿子张富清根本撑不起这个家，如果二儿子被征走，那张家的天可就真塌了。

周爱女左思右想，如何才能把张家这根顶梁柱保下来？花钱，家里是一贫如洗；逃跑，无处藏身。怎么办呢？这可愁坏了周爱女。

不识字的周爱女不知道杜甫写过《石壕吏》，“暮投石壕村，有吏夜捉人。老翁逾墙走，老妇出门看。吏呼一何怒！妇啼一何苦！”老妇家的情形与周爱女此时的遭遇和心境是何其相似啊！

娘家兄弟给她出主意说：“你不是有两个儿子吗？”

周爱女一头雾水回道：“是啊！”

娘家兄弟自鸣得意地说：“你可以来他个以小换大，反正一家出一个兵丁，凑够数就行。”

周爱女说：“我那幺儿子能行吗？还没长个儿呢！”

娘家兄弟说：“只要你愿意，我替你去找保长。”

周爱女说：“这孩子命苦，从小就给地主扛长活。这次抓壮丁，抓的是老二，只怕他不愿意顶他二哥去，村上被征了兵丁的后生没有几个活着回来的。”

娘家兄弟说：“让我看当长工与当兵丁没啥区别，都是为了混口饭吃。”

周爱女说：“那可不一样，当长工虽然苦，起码没危险，当兵丁，命薄的是有去无回哩！”

娘家兄弟说：“你既舍不得老二被征兵，又心疼老幺当长工，你说你怎么办？”

让幺儿张富清替换老二张茂茂去当兵，周爱女不是没想过，但于她来说，手心手背都是肉。张富清从小就被送到地主家做长工，吃的苦受的罪，她也常听亲戚说起，也经常为此而流泪。但有什么办法呢？她一个妇道人家，要不是为了儿子有口饭吃，把命活下去，也为了挣那两斗米，补贴家里粮食短缺，绝不会忍心这样委屈儿子啊。现在乡公所抓壮丁，是铁板上钉钉子想躲也躲不脱。思来想去，她只得忍痛用幺儿张富清去换回二儿子张茂茂，只得再一次把张富清送出去，送到更远的地方去。

张富清原本很不情愿顶替二哥去当国民党的兵丁。他倒不是怕吃苦，也不是贪生怕死，关键是他听人说，国民党军队风气不好，走到哪儿都祸害老百姓，当官的吃空饷、喝兵血，当兵的是老兵欺压新兵，他可不甘心为这样的部队卖命。可当他面对母亲流个不止的辛酸眼泪，面对新婚的二哥和嫂子难分难舍的神情以及充满乞求的话语时，他的心软了。他想，反正自己孑然一身，不如豁出一条命，保张家香火延续。

于是，周爱女的娘家兄弟找到保长，提出了用张富清顶替张茂茂去当兵的想法。

一开始，保长也没考虑那么多，心想，不管大的小的只要是男丁凑够数就行。保长同意了，周爱女和娘家兄弟便带着张富清去见保长。但保长一见到张富清本人就不高兴了，这娃人家能要吗？还没枪高呢！周爱女的娘家兄弟赶忙赔笑说，国军部队里娃娃兵多的是，没问题的。

最后，保长看在周爱女娘家兄弟送了一斤食盐、两斤挂面的分儿上，答应把张富清送到乡公所。

张富清记得，那是一个大雾弥漫的冬日，一米开外只能看个人影。他跟着双庙村的保长走进了马畅乡公所，走进了乡长的办公室。乡长见到保长身后的张富清，就问："让你征兵丁，你怎么带个娃娃来？""我就是送这娃来当兵的。"

"别开玩笑！"

"这事还能当儿戏？"

"他有多大？"

"年龄肯定够了！"

"究竟多大？"

保长转过身把张富清从身后扯到乡长面前说："这娃属蛇，今年22了。"

"年龄是够了，可这个子还没枪高呢！"

"这娃是从小饿的，吃两年军饷，拔一拔就长高了。"

"都22岁了还拔一拔，你糊弄谁？"

"不是有句话叫作'二十三，蹿一蹿'么。"

“这娃面黄肌瘦，得吃多少油盐才能蹿一蹿！”

“国家战乱不断，打了十多年的仗，村里送出去的娃是有去无回。眼下村子里大都是些上了年岁的老人，小伙子少得可怜，像他这样的可是宝贝，人家家里乐意送来就不错了，我们还挑剔个什么呢？”

乡长心想保长说得有道理，这些年抓壮丁就没止过，乡村里少见青年人。如今，能把兵丁数额凑齐就很不容易了。一番思量，乡长不再坚持，让人把张富清带到后院一间招募壮丁临时居住的大房子。张富清进去了，他的二哥张茂茂走了出来。

保长交了差，乡长却遇到了麻烦。本来什么兵丁都要的国民党长官在见过了张富清后，任乡长怎么美言，怎么好吃好喝招待，就是不肯点头接收。

乡长实在没办法，只得耍无赖说：“你要就把他带走，不要我把他留下，你可别说今年的征丁不够数，明年正好充数额。”话讲到这个份上，对方也没领走张富清。乡长也是个狠角，他硬是没让张富清回家，而是将他强行留在了乡公所当苦力。

乡长担心张富清吃不了乡公所的苦，受不了乡公所的苛刻约束，私下逃跑，便恐吓张富清说：“以后你哪儿也不许去，老老实实地待在乡公所，让你干什么，你就干什么。你要是趁机逃跑了，我们就把你二哥重新抓回来。”

就这样，张富清当兵丁不成，反被留在乡公所当了苦力。耕田种地，挑水砍柴，什么重活苦活都得干。活干得比地主家还要重，吃得却比地主家还要差。原因在于，乡长并不住在乡公所，平常派活也不是乡长指派，而是两个当差的。俗话说，阎王好见，小鬼难缠。那两个当差的，活脱脱两个“小鬼”，他们就没把张富清当人看，而是当成了奴仆。先说吃饭。平常在乡公所吃饭的就是几个当差的和杂役，每到开饭时，他们也不让张富清上桌，等他们吃饱喝足了，才轮得上张富清吃剩菜喝残汤。在地主家做长工，好吃不好吃，起码管个饱，在乡公所，那是人情似纸薄，张富清常常是有上顿没下顿。再说干活。两个当差的心更狠，把张富清当牛一样来使唤，种完田，种菜地，反正一刻也不让他闲着。张富清稍有反抗和怠慢，两个当差的要么拳脚相加，要么翻着花样地折磨他。

又一年抓壮丁的时候到了。来招募兵丁的长官一见瘦骨嶙峋的张富清，脑袋摇得像拨浪鼓，说宁可少一个也不要无用的货。这话说得十分难听，乡长也无奈，只好继续把张富清强留在乡公所做苦力。

到了 1947 年，国民党因东北战场失利战事吃紧，兵源紧缺，军队开始频繁征兵，以扩军备战，满足战场用兵所需。这一年，张富清已经23岁了，虽然身高见长，但还是瘦，好在接兵的不再挑剔，开春，马畅乡公所总算把张富清送进了部队。

进入国民党部队后，张富清才知道司令长官是胡宗南。因为长得瘦小，张富清被分到了胡宗南部四十七旅当了一名伙夫。因为力气小，不能很好驾驭运输炊事装具和军需物品的骡马，再加上搬运军需活干得慢，他时常遭受老兵油子的殴打。劳累了一天，到了晚上还要给老兵们端水洗脸倒洗脚水，有一点伺候得不好，轻则挨骂，重则挨打，受尽欺辱。少得可怜的军饷，要么被长官克扣，要么被老兵油子“借”去赌博，说是借，实则有借无还。最让张富清无法忍受的是，发了新衣服，还没穿上身，就被老兵油子强要了去，扔到他手中的都是一些又脏又破的旧衣服。

张富清从小失去父亲，幼年受到调皮孩子的欺负；少年时被送到地主家当长工，饱受地主和管家的训斥、吼骂与冷眼；在乡公所，遭受的是欺凌和殴打；到了国民党军营，弱肉强食的生存境遇，让他完全丧失了做人的尊严。也许，他想过反抗，想过逃避，可面对生存的艰难，面对险恶的环境，从小养成的逆来顺受的性格，使他只能把泪水往肚子里咽。在自己无力反抗之前，只能隐忍着、承受着，把满腔怨愤深深地埋藏在心底。

张富清渴望命运出现转机，渴望人生的曙光早点到来。

四、瓦子街的转折

在那个黑暗的年代，靠个人奋斗是很难改变命运的。一个人要想挣脱苦难，唯有把自己的命运彻底融入国家的命运。张富清之所以能迎来新生活，与中国共产党领导的人民军队紧密相关，与瓦子街战役紧密相关。他的人生，因西北野战军瓦子街大捷而发生了根本性的转变。

瓦子街战役，是解放战争时期西北战场发生的一次重要战役，是西北野战军落实毛泽东“围城打援”军事思想的典型战例之一。

当时，胡宗南在西北的军队还十分强大（除新疆外），有 39 个旅共 23 万人，封锁黄河，严守关中，防御西北野战军南下作战。仅在陕甘宁，胡宗南就部署了 10 个旅：整编十七师何文鼎部及陕西保安十一团，守备延安及防护延安至鄜县（今富县）的公路一线；整编七十六师二十四旅，守备宜川；刘戡率整编二十九军军部及整编二十七师王应尊部、整编九十师集结于洛川、黄陵地区，做机动兵团，以北援延安、东援宜川，企图阻止中国人民解放军南下；二十四旅七十二团及陕西保安六团驻韩城、禹门口附近，以阻止黄河以东解放军西渡。

瓦子街战役于1948年2月28日全面打响，到3月1日结束。我西北野战军所有参战部队在彭德怀司令员的指挥下，按照毛泽东军事战略方针，集中原一、二、三、四、六5个纵队7.2万人的优势兵力，采取“围城打援”的战术，有效消灭了敌人的有生力量，取得西北战场上的首个大捷，成为西北野战军由战略防御转为战略反攻的起点。

按照作战部署，首先由许光达率领第三纵队在宜川发起攻击。第六纵队罗元发部由延长县南下，经云岩协同独立二旅围攻宜川，在消灭秋林、圪针滩之敌后占领黄河禹门口铁索桥。第二纵队王震部从晋南出发，由禹门口强渡黄河，消灭禹门口西岸之敌，进至黄龙圪台、石台寺、杨家湾地区，由南向北阻击东援之敌。国民党军为解宜川之围，开始增兵驰援。西北野战军集中主力9个旅，设伏于瓦子街以东、铁龙湾以西川道两侧南北高地，待机歼敌。

战斗当天，天空下起了大雪。陕西延安、榆林一带山高沟深、坡陡路滑，给半机械化的胡宗南部造成了不利影响，却为靠两条腿行军打仗的人民解放军打伏击搞偷袭提供了便利。战斗历经三天，经解放军官兵浴血奋战，瓦子街战役取得了歼敌1个军部、2个师部、5个旅共3万余人的伟大胜利。战役中，击毙敌二十九军军长刘戡、九十师师长严明、三十一旅旅长周由之、四十七旅旅长李达、五十三旅副旅长韩指针、一五八团团长何怡新等高级将领，活捉敌团以上高级将领16人。

张富清清楚地记得，自己被“解放”的那天，是一个飘着雪花的清晨，刮着风，天气冷飕飕的，地上的积雪有一尺多厚。

天太冷了，军需运输队的人一个个缩在被窝里不愿起床，都想着能多暖和一会儿是一会儿。此时，离窑洞不远的村口突然传来激烈的枪声。在窑洞外站哨的哨兵神色紧张地冲进窑洞，高喊：“不好了，共军发起进攻了！”大伙一听，都慌了神，像被蛇咬了，一下子从炕上跳起来，争先恐后穿衣服。因为窑洞里太黑，大家又太忙乱，一个人把衣服拿错，就会引起连锁反应。一时之间，怒骂声、撕扯衣服声响起一片，整个窑洞乱成了一锅粥。

说来也巧。那天清晨，张富清所在的炊事班的伙夫们像往常一样，天不亮就起了床，正当他们穿好衣服和鞋的时候，哨兵突然推门惊叫，已经走到窑洞门口的伙夫们率先应声鱼贯而出。机灵的张富清跟着两个老兵迅速跑出了窑洞，出了小院的大门。

院门前的路只有一条，向左是村外，向右是镇上。他们往左一转就踏上了通往村外的小路，小路上已经有不少人跑在了前头。他们没有目标，漫无目的地沿着那条小路朝沟谷里钻。天空飘着雪花，天色灰暗而昏黄，满山满沟的大雪，一片白茫茫的世界。路上的积雪太厚了，又软又滑，人跑得很吃力，他们一边大口地喘着气，一边拼命地往前跑。不知不觉来到了一个山包前，脚下的路好像突然没有了。慌不择路之中，他们拐进一个山口，竟然跑进了解放军临时设置的收容队。

瓦子街战斗打响之后，第二纵队在村外设立了一个收容队，负责收容掉队人员和伤病员。收容队是一个临时性组织，成员一般由医疗队和政治部门的人员组成。

当时，天已经亮透。天空的雪花正漫不经心地飘着。瓦子街的枪声还在时断时续地响着。

张富清随着人群来到了窑洞前的空地上。平台上站着一排持枪的战士。其中，一个年龄偏大，身材偏瘦，脸膛黝黑，握着手枪把，像个当官的人朗声命令道："都站好了，不许乱动！”

对于解放军，张富清算是略知一二。那是他在给地主家当长工放牛时，常遇到村里一位放牛的老人，老人爱讲古，每当他们坐在河边的杨柳树下休息，老人就给他讲薛仁贵征东征西等一些杂七杂八的历史演义，但讲得最多的还是老人亲眼所见的红四方面军征战城固、汉中的战斗情景，以及洋县流传的红二十五军在华阳古镇白塔寺大破敌西北警备第二旅旅长张鸿远的故事。老人还给他讲，红军是穷苦人的队伍，只可惜自己当时年岁快过花甲，红军部队不要年岁大 的人，不然就参加红军了。张富清听了就在心里想， 红四方面军过陕南时，自己还不到十岁，红二十五军打华阳时，自己也刚满十岁，只可惜那时年龄小，没有机会，也不够条件参加红军。被迫加入国民党军队当了做饭的伙夫后，常听几个老乡在私下里讲，解放军打仗如何勇猛，纪律如何严明，对老百姓如何和善。现在解放军近在眼前，虽然衣装破旧，没有国民党军穿戴体面，但人人精气神十足，对他们这些俘虏不仅不打不骂，而且十分和气。

他们惊魂未定，噤若寒蝉。过了好一会儿，见无人反抗，解放军里一个双眼细长的人才又继续高声命令道：“都听好了，拿了武器的把武器放到一边，没有拿武器的原地不动。”

后来张富清才得知，那个脸膛黝黑的叫李文才，是三五九旅七一八团二营六连连长；双眼细长的叫肖友恩，是六连指导员。瓦子街战役进入尾声后，纵队领导考虑到国民党军溃逃人员多，为确保收容队安全，六连被临时抽调来，负责人员的安全警卫。

听到命令后，手里持有武器的人纷纷走到一旁把武器放到指定的位置，张富清等没拿武器的伙夫们则都按命令站在原地。当时，张富清站在第一排最后一个。

连长李文才两手叉腰站在窑洞门前，他头戴棉帽，帽檐软塌塌的，几乎遮住他的双眼，一身灰布的军装，小腿上缠着绑腿。李文才连长虽然个子不高，讲话声音却洪亮得像个小喇叭。他高声说道：“我是中国人民解放军西北野战军第二纵队三五九旅七一八团二营六连连长李文才，你们的军长、师长、旅长在瓦子街战役中，要么被我军击毙，要么被我军俘虏。我军有纪律，不打骂俘虏，不虐待俘虏，对俘虏的政策是，愿意留下的就当解放军，不愿意留下的发三块大洋做盘缠各自回家。今天，无论你们是自己主动走进我们收容队，还是稀里糊涂误入的，我们都会给你们自由选择的机会。想留下参加解放军的，向前一步走；不愿留下想回家的，后退两步走。”

张富清听到命令后，没有一丝犹豫，就像按抢答器一样，第一个向前跨了一大步。因为他内心早就有了参加解放军的愿望，只是苦于没有机会和条件。

李文才连长两眼朝第一排的队伍睃了一个来回，便一眼看中了身材瘦削却机灵听话的张富清，用手一指他问："你叫什么？"

张富清双腿一并说："报告长官，我叫张富清。"

李文才温和而又严肃地说："以后不许叫长官，叫我李连长，或者李文才同志。"

张富清抬手敬礼答："是的，李连长同志。"

李文才连长又问："你当了几年兵？"

张富清回答说："报告李连长同志，我是去年春上被抓的壮丁，到今天不满一年。"

此时，站在李文才连长一旁的指导员肖友恩大声问道："你当的什么兵？"

张富清轻声说："我是做饭的伙夫，给军需运输队做饭的。"

肖友恩仔细打量了张富清后继续问："你是怎样当的国军？为什么愿意参加我们解放军？"

张富清略加思考后说："乡里抓壮丁，我二哥被抓上了，可我二哥刚结婚，又是家里的顶梁柱，我妈让我顶替二哥当了壮丁。国民党官兵又抢又赌，团长一夜能赌输全团的军饷；班长和老兵油子们也赌钱，还打人。听说解放军‘很仁义、很规矩’，而且纪律严明，从不拿老百姓的东西，借什么一定归还，损坏了赔新的；我还听说解放军是穷人的队伍，不打人不骂人……”

指导员肖友恩对张富清的回答很是满意，夸赞他说：“你讲得不错，我们解放军是人民的子弟兵，就是为了人民翻身得解放而打仗。”

连长李文才也满意地点了点头，借机鼓动说：“你们中间还有谁愿意像张富清一样参加解放军的，现在报名还来得及，过了这个村，就没这个店了。”

片刻的工夫，又有五个人先后站了出来。

张富清迈着坚定的步伐，第一个走上窑洞的台阶，走到一张参军报名登记的桌子前，自愿报名参加了人民解放军。

天色已经大亮，低沉的云层中显露出淡淡的曙光。瓦子街断断续续的枪声划过天空。狂野的西北风吹得院前一棵掉光了叶子的老榆树嘎嘎直响。张富清站在队列前，毅然决然地加入了中国人民解放军，成为西北野战军第二纵队三五九旅七一八团二营六连四班一名光荣的解放军战士。

人生的路，最紧要处就那么几步。瓦子街战役后，张富清的生命揭开崭新一页。他手持钢枪，站在塬上，仰望东边黎明的曙光，一轮红日喷薄欲出，面对全新的世界，他庆幸自己黑暗的人生到此结束，光明的人生从此开始。他激动地高声唱起了刚刚学会的歌曲《三大纪律　八项注意》，以表达自己从小到大从未有过的欢愉心境，以及对未来无限美好的憧憬。

五、激战壶梯山

三五九旅，是一支诞生于湘鄂川黔根据地的红军部队，旅长是大名鼎鼎的王震。长征到达陕北后，三五九旅唱响南泥湾，是一支敢打敢拼的英雄部队。

张富清分到四班后，迫不及待地扯掉了军装上代表国民党的标志，摘掉帽子上的青天白日帽徽。张富清自觉地与过去决裂的举动正好被指导员肖友恩看在眼里。肖友恩走到他身边，拍拍他的肩膀说："张富清同志，你扯掉衣服上的标志固然重要，但最重要的是要从思想上、从内心里，与过去的一切旧观念、旧习惯、旧作风彻底决裂，做一名爱人民、听指挥、不怕死的解放军战士。"

张富清并腿敬礼，坚定地说："我是穷苦农民的孩子，我恨透了国民党军，我保证做到！"

张富清年轻时的军装照

张富清被编入六连后，不仅得到了战友兄弟般的温暖，还得到了组织的关怀。他参加解放军的第二个月，正好赶上西北野战军军事政治整训。在一次政治课上，指导员肖友恩为他们全文朗读了闪耀着毛泽东思想光辉的《为人民服务》，并逐字逐句进行了讲解，让战士们明白了为人民利益而死的价值和意义。张富清这才知道中国共产党的领袖叫毛泽东，知道《为人民服务》是毛主席为纪念牺牲的红军战士张思德写的一篇文章。文章围绕死的意义和价值进行了深入透彻的阐述。指导员还告诉他们，人民就是劳苦大众，法西斯就是以蒋介石为代表的地主阶级集团。政治课让张富清如梦初醒，他终于明白，虽然人都是要死的，但死的价值和意义完全不同：为国民党卖命而死是轻于鸿毛；当解放军为人民利益而死是重于泰山。指导员好比播种人，把为人民服务的思想像一粒种子播撒在张富清的心田里。这粒孕育理想信念的种子，从此在春风细雨中生根发芽，在战火考验中茁壮成长，在艰难困苦中固基强本，直到长成一棵参天大树。

解放军官兵平等，友爱团结，有做人的尊严，还有人生奋斗的理想。对张富清来说，从旧军队里脱身参加人民解放军，就好比咸鱼翻身，完全是人生的两重天。

面对两支截然不同的军队，张富清体会深切，只觉得一夜之间天翻地覆。

肖友恩指导员见张富清诚实淳朴、态度端正、作战勇敢，便有心培养他，常找他谈心，给他讲解党的理论和思想。对于他的积极表现，时常在连队大会上进行表扬，激励他在战场上奋勇杀敌。

两个月后，在一次突击遭遇战中，张富清发现自己听到枪声后竟然不再害怕。在抢夺一个高地时，他勇敢地冲在最前头，膀子负了伤，他也没有下火线，坚持战斗到胜利。在这次突击遭遇战中，他因表现突出，荣立团一等功一次，还被提拔当了副班长。

张富清对自己的光明前程充满了信心，对未来的美好生活充满了憧憬。他不会写字，但他找连队的文书代笔，由他口述，写下了入党申请书，表示坚决跟党走，听党的话，做一名党的好战士，在战场上不怕死，英勇杀敌，为党和人民多立战功，永远做到为人民服务，为共产主义事业奋斗终生。他的入党申请书虽然只有半页纸，却饱含真情，字里行间表达了对党的热爱和向往。肖友恩指导员对他的入党申请书非常满意，表扬他是一个做比说更好的优秀战士。

有了信仰，有了追求，就有了力量。张富清这个少言寡语的陕西汉子，从此由弱不禁风的小绵羊，变成了一只小老虎、一个不怕死的突击队员。

1948 年 8 月中旬，正是关中平原苞谷灌浆的时节。西北野战军发动了壶梯山战役。

驻守黄龙、介牌、壶梯山一线的是胡宗南部整编第三十六师。可别以为一个师没有什么了不起，这个三十六师的人数与一个集团军的兵力不相上下。1946 年 4 月，胡宗南为保三十六军的实力，主动将三十六军整编为“特种师”，下辖三个旅六个团，外加三个师属独立团（一般整编师为三旅六团制），其官兵人数保持在 3 万人左右。师长钟松也不是泛泛之辈，他历经战火锤炼，具有丰富的实战经验，抗战胜利后，曾获得过“青天白日”最高勋章。在钟松的战斗生涯中，他与西北野战军有过多次较量，虽然败多胜少，但我西北野战军也一次未能实现全歼其部的目标。在西北野战军与胡宗南部攻夺宝鸡的战斗中，钟松以日行百里的速度疾速突进，连续数次冲散我军后撤行军纵队，彭德怀司令员跺脚骂其为“打不死的钟松”，其勇猛睿智可见一斑。钟松在与西北野战军交锋中连吃败仗后深刻意识到，与西北野战军打仗，既要讲战术，还要讲战略；既要利用好地理优势，还要打好精神战。在壶梯山防守战中，他深知，澄城以北的冯原镇是黄龙山的门户，介牌山是冯原镇的屏障，壶梯山是冯原镇的钥匙，如果壶梯山失守，则冯原镇以南无险可守，解放军就可以由介牌山居高临下，直扑富平、蒲城以及渭南等地，进而包围西安。

为了加强防御，钟松命令所属部队在冯原镇、壶梯山、刘家凹正面宽 12 公里、纵深长 6 公里的地域内，构筑了要点式的防御体系，以壶梯山为重点构筑了核心工事，作为对抗西北野战军的主要支撑点。8 月 3 日，钟松在玄武庙中召集第三十八旅连长以上军官训话，决心在壶梯山与西北野战军决一胜负，以报一年前在榆林沙家店损失 6000 多人的“走麦城”之仇。

8 月 8 日，我军除以少数部队阻援外，集中 5 个纵队 11 个旅的兵力，围歼驻守冯原一带的三十六师。具体部署是：主力第一、第二两个纵队首先东西夹击敌主阵地壶梯山及其西北魏家桥之敌二十八旅；第四纵队向冯原镇及其以南地区第一、二、三旅攻击；第三纵队向镇东第一六五旅攻击；第六纵队攻击防守刘家凹一侧的一四二团。西北野战军采取的是中央突破、两翼包围的迂回战法。中央突破的目标是壶梯山。而壶梯山地形十分险要，敌军又构筑了很多明碉暗堡，组成了十分坚固的防御工事，形成了阻挡我军进攻的重要屏障，显然是一块很难啃的骨头。而担负攻打壶梯山的主力部队，正是由王震指挥的第二纵队，而三五九旅就是其中一支擅啃硬骨头的主攻队伍。

战斗在黎明前打响。天幕还没拉开，大地一片漆黑。西北野战军按照预先部署，集中炮火对壶梯山进行了持续猛烈的炮轰，一时之间，炮火连天，地动山摇。炮击停止后，各部队开始出击。横在张富清所在的连队面前的是一道山梁，从最高处的几个碉堡射出的密集子弹组成了一道密不透风的火力网，一时打得部队官兵难于招架，几次冲锋都因伤亡过大不得不中止。战前身为班长的张富清再一次被连长任命为突击组长。攻击受阻，连长李文才对站在面前的突击队员说："党考验你们的时候到了，你们要不惜牺牲自己的生命，把狗日的碉堡给老子炸掉！"个子不高的张富清，斜背着枪，抱着炸药包，勇敢地冲在最前头。他一会儿弯着腰贴地小跑，像钻山豹一样，在一个个小山包、一条条小沟壑之间快速穿梭；一会儿卧倒在地匍匐前进，借着地势、陡坎、树木和敌人挖的壕沟隐蔽向前。他凭着勇敢和机智，成功地靠近了一个吐着火舌的碉堡。他绕到碉堡一侧，将手榴弹塞进炸药包，然后趴在地上，将炸药包放在了射击孔下。在拉响手榴弹后，他以极快的速度顺着坡地滚进了碉堡前不远处的战壕里。他的身体刚刚落地，轰隆隆一声剧烈的爆炸在山顶响起，碉堡的土木顶盖被掀到了半空中。

当他从战壕里爬起来时，人还处于眩晕状态。只觉得眼前金光闪闪，模糊地看到朝着山冈上冲锋的战友们如潮水一般。

听到胜利的呐喊，他笑了。他庆幸自己成为指导员所希望的勇敢战士。被炮火熏黑了脸的李文才连长赞许地朝他竖起了大拇指；肖友恩指导员夸奖他“好样的”。在壶梯山战斗中，他的右臂和右胸被敌人的燃烧弹灼伤，他咬着牙，忍受着疼痛，随着部队攻到了山顶。他以不怕死的劲头，不仅炸毁了一个碉堡，还消灭了几个敌人，缴获了敌人三挺机枪。

历时四天的壶梯山战斗胜利结束。钟松叫嚣在壶梯山与西北野战军决一高下的美梦再一次破灭。据史料记载，壶梯山战役，我西北野战军共歼敌近万人，收复县城三座，敌三十六师钟松部三分之二人员被歼灭。钟松带着整编一二三旅主力迅速突围，再一次得以脱险，副师长朱侠在督率所部突围时阵亡，参谋长张先觉、国防部战地视察官马国荣、高级参谋李秀先后被俘。余下部队仓皇后撤至大浴河以南的寺前镇、永丰镇地区转入防御。

庆功会上，张富清荣立师一等功一次并被授予“战斗英雄”称号。并且经党组织批准，张富清在火线上光荣地加入了中国共产党。如果说授予战功和荣誉称

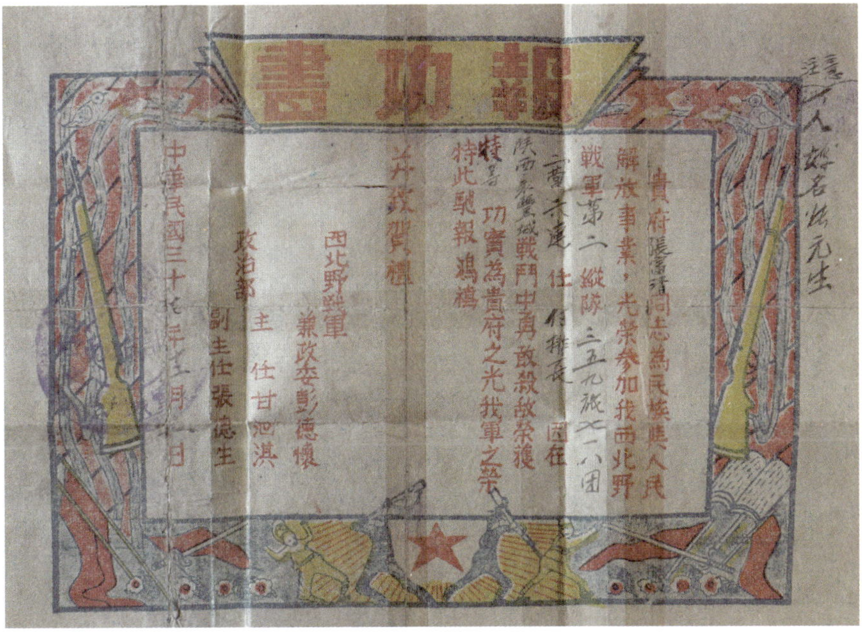

张富清立功获得的报功书

号是组织对他在战场上不怕死的英雄气概的褒奖，是对他听党指挥勇战强敌的激励，那么接收他加入党组织，就是党对他表现积极的认可，也是对他政治可靠的信任。

壶梯山战役结束后，连队在硝烟还未散尽的战场上为新党员举行了入党宣誓仪式。一句“听党的话，跟党走，为人民服务”的铿锵誓言，从此成为张富清一生的奋斗目标，成为他一生的行为准则。他的入党介绍人就是连长李文才、指导员肖友恩。70多年过去了，世事沧桑，物是人非，可是连长李文才、指导员肖友恩这两个人的名字永远镌刻在张富清的脑海里。每当回忆起炮火连天的岁月，回忆起连长李文才、指导员肖友恩对他的关爱与引导，回忆起跟着连长李文才、指导员肖友恩一起打仗、一起训练、一起学习的时光，两人的音容笑貌便跃然而出，仿佛就在眼前，正对他下达突击的命令，或者站在队列前夸赞他作战勇敢，号召全连官兵向他学习，敢于冲锋，勇当突击队员。这一幕幕情景，化作他漫漫人生最美好的追忆。尤其是，连长李文才鼓励他做“永远的突击队员”，成为他为党献身的力量源泉，而指导员肖友恩对他的“听党的话，跟党走”的教诲，成为他一生忠诚践行的座右铭。

正因为他明确了人生的奋斗方向，正因为他懂得了生死的意义，正因为他明白了为谁而冲锋陷阵，所以赴汤蹈火对于他而言不再充满畏惧，枪林弹雨的战场让他浴火重生。从此，张富清成为连队突击队的主力队员。他说，在战场上，怕死是打不了胜仗的，子弹往往专找怕死的人。“冲锋在前打头阵、不怕死的张富清”一时成为战友们的口头语。在接下来大大小小的战斗中，他屡立战功，杨家凹追击战以及攻打永丰城的突击战中他表现尤为突出，先后荣立军特等功一次、一等功一次，师一等功一次、二等功一次，团一等功一次，并荣获“战斗英雄”称号。西北野战军政治部在给张富清家里的报功书上这样写道：“贵府张富清同志为民族与人民解放事业，光荣参加我西北野战军第二纵队三五九旅七一八团二营六连，任副排长。因在陕西永丰城战斗中勇敢杀敌，荣获特等功，实为贵府之光、我军之荣。特此驰报鸿禧。”

六、进疆出疆

经过 1948 年的一系列战役，到了 1949 年，西北战场上的胡宗南部兵力上已经由优势转为弱势，地盘也在节节败退中逐渐缩小。党中央根据全国战争需要，再一次对部队进行了整编。1949 年 2 月 1 日，西北野战军整编为第一野战军。王震率领的第二纵队整编为第二军，张富清所在团整编为第一兵团第二军第五师第十四团。

这不是简单的部队序号整编，也不只是番号的改变，而是标志着时局的发展越来越有利于共产党领导的人民军队。全国解放的黎明，已经在地平线上露出曙光，那曙光正变得越来越亮，不久将照亮全中国。随着西柏坡的指示在嘀嗒的电报声中向各野战军发出，人民解放军指战员奔袭作战的脚步在神州大地踏出隆隆巨响，中华民族的新生就在眼前。

关中大地，硝烟散尽。1949 年 7 月中旬，陕中战役的最后一战在宝鸡打响，王震率领的第二军以摧枯拉朽之势大败胡宗南余部。8 月 5 日，第一野战军发出动员令，号召全体指战员为“解放整个大西北而战斗”，“敌人逃到哪里必须追到哪里，不给片刻喘息机会”。

第一野战军在西北战场的态势由守转攻、由攻转追，各部队官兵士气大振，官兵们冒风雨、忍饥饿，连续奔袭作战，敌人逃到哪里他们就追到哪里，不给敌人丝毫可乘之机。张富清回忆那段行军打仗的时光时，脸上充满了胜利的自豪。他说：“在那段追击战中，每天要么打仗，要么急行军，几乎没有在哪个地方停过两夜三夜，是走到哪儿，睡到哪儿，敌人逃到哪儿，追击到哪儿。奔袭行军，成为常态。行军时根本就没有碗来盛饭吃。炊事班的战士将做好的馒头、窝窝头装进筐子摆在路边，当队伍经过时，他们便将馒头、窝窝头随手快速放进我们端在手中的帽窝里，我们一边行军一边吃饭。”

胡宗南率部分残余逃往汉中，其他残余分别溃逃到天水、平凉一带。第一野战军分三路向汉中、天水、平凉实施追击围歼。我军步步紧追，胡宗南只能继续向西南逃窜。关中大地全境解放，八百里秦川，换了人间。

在接下来的兰州战役中，第一野战军打垮了以马步芳为首的顽固猖狂的西北“马家军”，解放了兰州城，为解放大西北扫除了最后的障碍。

早在 1949 年 3 月，在西柏坡，王震司令员就主动向党中央、毛主席请缨：“我们要到最艰苦的地方去，到新疆去！”

抗战时期，王震率领三五九旅自力更生，开发南泥湾，成为一支独特的既战斗又生产的部队。南泥湾大生产得到了毛泽东的高度赞扬，毛泽东为王震亲笔题词“有创造精神”，并赞誉三五九旅是“发展经济的前锋”。

王震的请缨得到了党中央和毛主席的批准。1949年10月，关中大地一片繁忙的丰收景象。整编后的第一兵团，沿河西走廊向西，翻乌鞘岭，过武威，经张掖，出高台。在新中国成立的第四天，兵团抵达酒泉。

酒泉位于河西走廊西端的阿尔金山、祁连山与马鬃山之间，地理及军事位置十分重要，它东接张掖和内蒙古自治区，南接青海省，西接新疆维吾尔自治区，北接蒙古国。古时既是兵家必争之地，也是河西走廊的战略要地。进疆前，第一兵团在酒泉召开了进疆誓师大会。兵团政治部发出了振奋人心的号召：“把五星红旗插上帕米尔高原！”

酒泉与喀什相距2500多公里，需要穿越荒无人烟的沙漠戈壁，翻越白雪皑皑的雪山峻岭。当年，新疆不通铁路，公路路况也非常差。恶劣的环境和气候条件同红军长征时爬雪山过草地相差不多。在挺进途中，张富清和他的战友们高唱由王震的诗谱成的战歌：“白雪罩祁连，乌云盖山巅。草原秋风狂，凯歌进新疆。”催人奋进的旋律，成为他们克服困难的精神动力。

一路上，他们风餐露宿，与风雪严寒抗争。在行军途中，张富清作为战斗骨干调入第二军教导团。在吐鲁番过冬后，教导团又开始了长途跋涉，徒步行军

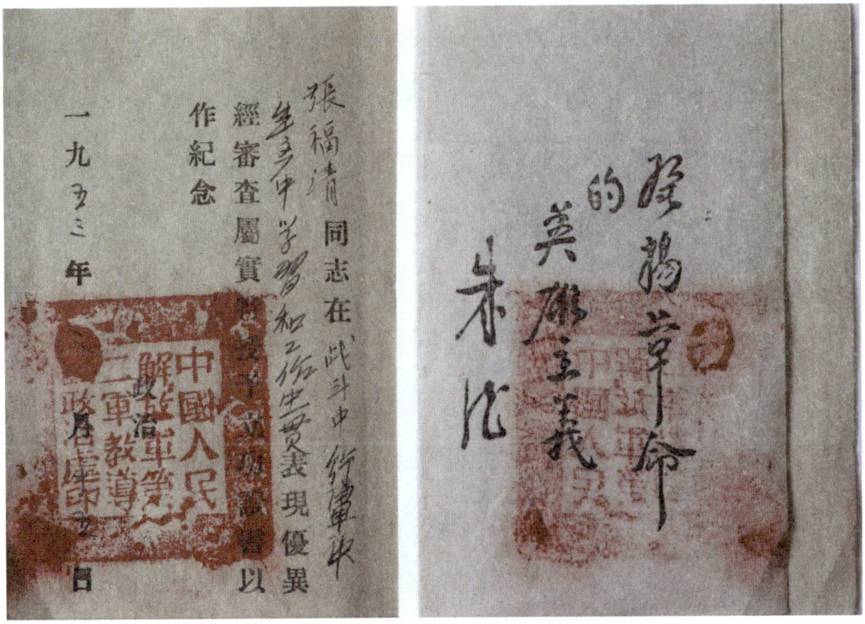

張福清同志在
表現優異
經審查屬實
以
作紀念
一九五三年　月　日

發揚革命的英雄主義
朱德

张富清的立功证书

（作者注：证书上将“富”误写为“福”）

1600 多公里，于 1950 年三四月间到达喀什。

喀什古称“疏勒”“任汝”“疏附”，三面环山，一面敞开。虽然历史悠久，但当时并不繁华，生活条件比较差，可是对于一路征战历经艰难困苦的官兵们来说，到了喀什，各方面均得到了较大的改善，已经相当满足了。张富清说：“到喀什后，部队发了军鞋，此后再也没有打过光脚板。以前，没鞋穿是常事。”他的脚底老茧又厚又硬。他说：“有鞋穿后，脚上的老茧用了半年的时间才一层层蜕掉。”

在喀什，不光发了新军鞋，还发了新军装。张富清说：“大部分官兵换上了黄色的新军装，还有了新棉衣。”而整个部队全体换装，那是到了南疆以后。

在喀什，他们用汽油桶烧开水，不是为了烧水喝，而是为了洗澡煮虱子。那种“幸福”让张富清至今难忘。他说：“从宝鸡入天水，转战到平凉，又从平凉走河西走廊。哪怕在酒泉，我们也没有机会和条件洗澡，军装穿得又脏又破，身上的虱子多得无法形容，说出来都让人难以置信。记得抵达喀什的第二天，各连找来汽油桶，装上水，架到柴火堆上烧。那可是我们第一次洗上了热水澡，脱下的衣服用开水烫泡后，水面上漂了一层死虱子……”张富清轻快地笑着继续说：“虱子一下两下弄不绝，经过半年的清洗，我们的身上才没了‘小动物’。”

解放军官兵入疆，揭开了新疆历史的新篇章。教导团进入喀什后，他们一边剿匪，一边开垦土地；一边自己动手搞营房建设，一边练兵备战，随时准备迎接祖国的召唤。

新中国成立之初的1950年，朝鲜战争爆发。这是一场极为残酷的战争，英勇的中国人民志愿军在取得重大胜利的同时，也付出了巨大牺牲。在炮火连天的朝鲜半岛，志愿军队伍亟须补充新鲜血液和战斗骨干。

那是1953年年初，部队在召开援朝作战动员会后，团政治处的一名领导找张富清说，上级准备抽调连一级战斗骨干入朝作战，问他有什么想法。

朝鲜战争爆发后，远在南疆的张富清高度关注朝鲜的战况，对于朝鲜战场的惨烈程度他从报纸、广播中略知一二，因此他心里清楚，到朝鲜与“联合国军”打仗，要比在国内与胡宗南部队打仗艰难百倍，流血牺牲的概率要更大。可他心里有一个坚定的信念——听党的话。此时已经升任副连长的张富清明确而又坚定地表态说：“新中国不容侵犯。我坚决服从组织的安排，如果党需要我入朝作战，我将义不容辞！”

张富清的请战很快得到了组织的批准。半个月后的一天，他与教导团十几名战斗骨干一起，再一次迈开双腿，沿着来时的路，昼夜兼程赶往北京。

进疆再出疆，八千里路云和月。出疆对张富清来说既是人生的再一次挑战，又是人生的再一次“长征”。进疆时，跟随大部队，生活有保障，不用操心吃饭问题；出疆时，因为人少，他们一路是靠自己背着的饦饦馍充饥的。沿途公路时通时断，遇上了车就搭一程，没有车或者路不通时，就靠两只脚徒步行军。

在一个多月的行军途中，他们穿越沙漠戈壁，经历风雨冰雪、烈日狂沙。当他们途经鄯善时，突然遭遇沙尘暴，黄沙遮天蔽日，一行人压低帽檐，勉强能睁开眼睛辨识路线。走出沙暴区后，他们的耳朵、鼻子里灌满了细沙，嘴里一咬牙也是嘎嘣直响。

一路荒漠，最缺的是水，在补给站或者是老百姓家装一壶水，都舍不得喝，实在渴得受不了才拧开盖子喝一小口。因为风沙大，走得急，每个人都口鼻干燥得出血。回忆起那一个多月的长途跋涉，张富清说：“跟唐僧西天取经一样难。一路上先后有好几个体质稍差的同志，因缺水少吃而屡次晕倒。”

到了北京，他们一个个变得又黑又瘦。“在到达北京的头几天里，因为长时间的疲劳，好菜好饭吃得都没有胃口，只是见了水亲，一连补了好几天的水，对水的饥渴感才逐渐消失，”张富清感慨地说，“看来人缺不得水，水就是人的命哩！”

随部队一路征战，张富清全凭两只脚板。在短短的几年时间里，他从渭北的一个塬到另一个塬，从一个沟到另一个川，从秦岭到祁连山，从戈壁沙漠到首都北京，跨过了万水千山。

就在他们这批待命出征的战斗骨干在北京休整期间，朝鲜战争局势有了明显缓和。于是上级部门特别安排他们浏览名胜古迹，观看文艺演出。张富清是第一次到北京。天安门的壮观、长安大街的宽阔，让他每天都处于新鲜和激动之中。可是到了夜晚，只要想起那些牺牲的战友，他就会难过得睡不着觉。他下定决心，到了朝鲜，一定好好地打仗，报效国家和人民。

正当他们整装待发的时候，1953 年 7 月 27 日，朝鲜停战协定在板门店签订。这标志着朝鲜战场不再有大的冲突，在朝鲜作战的部队将分批撤回国内。因此，他们这批准备参战的干部也就没有必要再入朝作战了。根据上级有关部门统一安排，按照组织的分配，张富清被派往防空部队文化速成中学学习。他先后在天津、南昌补习文化，最后又被分配到了武汉，在位于武昌的武汉空军文化补习学校继续学习（后移驻汉口）。

七、婚姻大事

时光荏苒，白驹过隙。到1954年，张富清离开家乡已经整整七年了。

张富清的年龄也不小了，已经到了而立之年的门槛。在农村像他这样年龄的，孩子都有几个了。可他为了响应解放全中国的号召，一直处于打仗备战、训练学习的紧张状态中，丝毫没有精力考虑个人的婚姻大事，快30岁了还单身一人。对于终身大事，他并不像其他人那样着急，他有自己的想法："婚姻大事急不得，要顺其自然。再说了，我是党的人，要听党的话，在个人的私事上，我哪能打自己的小算盘呢？"队领导见他只顾工作和学习，便找他谈话："富清啊！你年龄不小了，是不是应该考虑个人问题了？"

张富清听后有点发蒙，他不知道领导要跟他说什么。于是莫名其妙地问："啥个人问题？我能有啥个人问题？"

队领导被他逗乐了："啥个人问题，我说的是婚姻问题！"

张富清依旧丈二和尚摸不着头脑："我连对象都没有，婚姻能有啥问题？"

队领导差点笑出声来，说：“真是个牛犊子。我是说你该搞对象了，该结婚生娃了。”

张富清不好意思地说：“原来首长说这个事啊！你为什么不直说，非要说个人问题，把我整糊涂了。”

队领导微笑着说：“当兵前，你在老家谈过对象没有？”

张富清说：“我是给地主扛长工的，地无一寸，房无一间，谁家姑娘愿意嫁给我呢？”

队领导继续问：“那你现在怎么考虑的？”张富清说：“我从小没上过学，没一点文化底子，把书念好了再说。”

队领导马上指点说：“我们是共产党员，党的事业要干，个人的婚姻大事也得考虑。”

话少的张富清想了想依旧说：“我没有上过一天学堂，如今有这么好的读书机会，我要珍惜时间，好好读书。”

队领导继续开导说：“学习文化是一辈子的事情，可娶媳妇却是有时间阶段的，年龄大了，可不好找哟！哪个姑娘乐意嫁白头老翁？”

张富清不以为意地说：“找不着媳妇就打一辈子光棍。”

队领导严肃地说：“那可不成，打光棍可不是光荣的事情，从某种意义上讲，是给我们这支伟大的军队、伟大的党丢丑哩！”

一提到党，一提到军队，张富清马上表态说：“我听党组织的，啥时候批假，我啥时候回老家相亲找媳妇。”

1954年的初夏，张富清从汉口站坐上了开往西安的火车。到达西安站后再转长途客车，几经辗转，翻山越岭回到了阔别七年的马畅镇双庙村。

七年不见，老母亲周爱女的满头青丝变成了灰白色，脸上的皱纹更多更深了。她颤巍巍地拉着一身戎装、英姿飒爽、白白净净的张富清看了又看，简直不敢相信站在自己眼前、握着自己手的就是自己的幺儿子——那个又瘦又小的幺儿如今完全变了模样。

儿是娘的心头肉。自张富清被强征壮丁离开家乡后，周爱女是天天盼着儿子的来信。可那时，别说张富清目不识丁写不了信，就是托人代写，也因为部队频繁转战，加上兵荒马乱，邮路不通，他也没法给家里寄信。与他同时被强征到国民党部队，后来像他一样投奔解放军的同乡中，在全国解放后，有好几人分别从四川、湖北、陕西等地回家探亲。周爱女只要听到消息，无论远近，都会拄着拐杖，上门去打探消息，问人家有没有见过她的幺儿子。要是在路上碰到了穿军装的，她更是立马上前搭话，问人家是否认识张富清，如果认识，见到了，请给捎句话，就说娘想他。实际情况是，张富清在 1949 年上半年，正随部队行军征战于宝鸡、平凉一带；新中国成立后，他就随部队进了新疆，在遥远的喀什，根本无法与家人取得联系。几年来音信全无，直到 1950 年部队的立功喜报邮到双庙村，村上的人才知道，张富清不但活着，而且还成为立了很多战功的英雄。

身为军官的张富清回家乡探亲的消息像长了翅膀一样传遍了双庙村。乡亲们纷纷来到张家，想看看当了英雄的张富清变成什么样子了，是不是还是那么矮、那么瘦、那么不起眼。可当人们亲眼见到张富清后，都一致感到眼前的张富清与过去是判若两人。过去又矮又瘦的身量如今长到了一米六二；过去黄皮寡瘦的脸如今变得白净红润；一双炯炯有神的大眼饱含坚定和自信，不见了过去的胆怯和自卑；一身合体的黄军装衬托得他更显英俊威武。唯独没有变的是，张富清还如过去一样，少言寡语，忠厚朴实，不愿张扬吹嘘。当人们问他是怎样立的战功、打死了多少敌人时，他只是笑；当人们问他身体长高了是不是因为部队生活特别好，是不是顿顿有肉吃有酒喝时，他也只是笑而不语，不停地给男人们递烟，给婶婶嫂子姐妹们发糖。

当然，他谈得最多的是北京的天安门有多雄壮，武汉长江里跑的船有多大，西安的城墙有多高。

眼见张富清快30岁了还单身一人，周爱女心里很是焦急，四处托亲戚给幺儿说媳妇。周爱女的娘家堂弟周明林，与双庙村农会主席孙瑞祥的姐姐是亲戚。周明林知道孙瑞祥家有一个年方18岁还未说婆家的姑娘叫孙玉兰，也知道孙玉兰是一个漂亮、活泼、追求上进的好姑娘，便托孙瑞祥的姐姐回娘家探个口风，如果孙玉兰的父母和孙玉兰有那个意思，他就穿针引线给外甥张富清当月老。

其实，张富清从部队回家探亲的消息在双庙村传开后，在来看他的人中，就有那个叫孙玉兰的姑娘。她不仅是双庙村的青年积极分子，还是村妇女主任、新民主主义青年团团员。在此之前，她到过张家几次，第一次是随镇上的干部到张家看望，再后来是春节和“八一”随村委会到张家慰问。张富清回村的第二天，她就随着众人一道来到了张家。在孙玉兰眼里，张富清并不像村里老人讲的那样又瘦又小，她只觉得一身军装的张富清不仅长得细眉大眼、相貌堂堂、风姿英俊，而且正直善良，充满了朝气。如果说在没有见到张富清之前她只是怀有一种对英雄的好奇和崇敬之情，那么在见了张富清之后，一颗少女的心便开始了萌动，她感觉眼前的张富清就是将与自己相伴一生的人。

春夏之交，正是雨水连绵的季节。在一个雨过天晴的下午，美丽的彩虹像一座天桥架在了双庙村前的渭水河上空。孙玉兰的姑妈迈着小脚，踩着泥泞的乡村小路回到了娘家。当时，孙玉兰正坐在葡萄树下与母亲扯闲话，只见姑妈一脚泥巴、满面春风地走进大门。孙玉兰赶忙站起来为姑妈让座椅、端凉茶。姑妈一边喝茶，一边开门见山地问侄女见过张富清没有，印象如何。孙玉兰平常就与姑妈谈得来，对于姑妈的问话，她没有躲躲藏藏，而是大大方方地给姑妈表明了对张富清的印象。

孙玉兰的姑妈一听心里便有了底，于是把张富清的母亲周爱女托人找她上门提亲的事给孙玉兰的母亲讲了一遍。孙玉兰的母亲说："玉兰也到了提亲的年龄，只是像儿女成亲的大事，还得你兄弟瑞祥当家。"对此，孙玉兰的姑妈是知道的，虽说是兄弟当家，因为是侄女玉兰的婚姻大事，她必须给弟妹先讲。日落西山的时候，孙瑞祥回到了家里，孙玉兰的姑妈又给兄弟瑞祥说明了来意。孙瑞祥是个爽快人，马上表态说："这事是好事，张家穷没有关系，张富清年龄大一些也没关系，关键看玉兰本人愿不愿意，因为将来是他们两个人过日子。"孙玉兰的姑妈早知道兄弟明

在部队时发的搪瓷缸，张富清使用保存了 60 多年，这是他对人民军队深厚情感的寄托，也是他一生艰苦朴素的见证

理大度，但没有想到在儿女婚姻大事上会如此开明，于是自作主张地说："那就把玉兰叫到屋里来，问问她的想法。"孙瑞祥点了点头。孙玉兰的母亲把在葡萄架下绣鞋垫的玉兰叫进了堂屋。孙玉兰的姑妈当着兄弟的面把张家托人提亲的事又给玉兰讲了一遍，问玉兰有什么想法。孙玉兰人如其名，兰心蕙质，她说："父亲多次给我讲，找夫家是人生的大事，不要光图外表好看，一定要找思想进步的青年。张富清是党员，还是战斗英雄，人长得也好，是新时代最可爱的人，标准都够了，不知父亲母亲是什么意见？"孙瑞祥说："只要你看上了，你个人的大事自己做主。"孙玉兰点了点头，算是默认了。

第二天一大早，孙玉兰的姑妈就赶回了家，回了周明林的话。周明林一听孙家人都乐意，心里好不高兴，他想，新中国成立前，孙瑞祥家在双庙村是众所周知的知书达理的殷实人家，孙瑞祥现如今任双庙村的农会主席，不仅人品端正，而且家风好，要是堂姐家与孙瑞祥家结成亲家，那张家以后也算是有个依靠。周明林满心欢喜地赶到了堂姐家，喜气洋洋地给堂姐周爱女讲了为外甥张富清介绍对象的经过。

周爱女听了心里也好生欢喜。孙玉兰在双庙村可是个人见人夸的好姑娘，长得好看又懂事理，村上开群众大会时见过两面，孙玉兰还随村上的干部来家里慰问过两次，在她心中留下了极好的印象。可如今要让这么好的姑娘做自己的儿媳妇，她心里没有底："我们张家是穷家小户，只有三间土坯房，人家孙家日子过得好，砖墙瓦舍，分前院后院。"

周明林充满信心地说："只要孙玉兰同意了，这事就成。"

周爱女担心地说："孙瑞祥过去是乡贤，现在是农会的主席，只怕他看不上我们这样的人家。"

周明林说："时代不同了，谁还讲这个。他说了，让闺女自个儿做主。"

周爱女依然忧心地说："孙玉兰那女娃，长得好看端庄不说，还能说能干，这事一旦在村里传开了，会不会有人笑话我们张家，说我们是癞蛤蟆想吃天鹅肉？"

周明林是一个能说会道的人，他见堂姐信心不足，便打气说："大姐，你是穷怕了。如今我富清外甥，再不是过去当长工的穷酸样，而是一表人才，英俊威武，不仅立有战功，还是军官，与孙家姑娘是天造一对、地配一双。"堂弟的这番话颇有道理，周爱女这才稍稍放下心来。

考虑到张富清探亲时间有限，经两边媒人商定，两家大人第三天就在孙家见了面。果然，孙瑞祥并不像周爱女想的那样讲究门当户对，而是非常开明地说："新社会了，我们不搞父母包办，只要两个娃同意，我们做大人的就没有意见。"

孙瑞祥这句话是一锤定音，定下了张富清与孙玉兰的婚姻大事。

张富清虽说没有直接与孙玉兰讲过话，但他在见了孙玉兰后顿生似曾相识之感，打心眼里一下子喜欢上了这个纯洁美丽的姑娘。而孙玉兰对大自己整整11岁的战斗英雄张富清是既崇拜又喜欢，内心的声音再一次告诉她，眼前的英雄就是自己可以托付一生的人。

6月的初夏，巍峨秦岭，子房山下，湑水河里碧波荡漾，汉江江面烟波浩渺。紫薇花红得娇艳，飞翔展翅的朱鹮白得耀眼。漂亮大方的孙玉兰与朴实无华的张富清经媒人牵线定了亲。

同在一个村，相约便利。从此，张富清与孙玉兰时常相约于湑水河边。夕阳西下，渔舟唱晚。他们听河水潺潺，看渔翁垂钓，听船工号子，赏夕阳美景，畅谈人生理想和美好未来。

时间是短暂的，一晃半个月假期结束了。张富清结束休假前，两家人再次坐在一起。鉴于张富清年龄偏大，两家人约定年底给娃娃们办理婚事。

可是到了年底，因为种种原因，张富清无法请假回家。经组织批准，同意他的未婚妻来部队与他举行婚礼。

孙玉兰接到信后立即行动，按照张富清的交代，在村、镇两级开好了介绍信。可她毕竟从来没有出过远门，又是一个女孩子，孙家考虑再三，决定由孙玉兰的小叔护送她到部队。孙玉兰在小叔的护送下，一路辗转从洋县翻秦岭到西安，从西安坐火车来到了武汉。

两人见面第二天，张富清拿着部队开的介绍信，领着孙玉兰到民政部门办理了结婚登记。然后，两人在江岸区人民艺术照相馆拍了结婚照，又一同到商店里买了糖果和香烟，准备分发给战友们。

那个年代，人们崇尚俭朴的新生活，哪怕结婚也都是越简单越好。张富清与孙玉兰没有举行婚礼，甚至没有在餐馆请客。婚姻登记当天晚上，张富清从食堂打回了三个菜，又从餐馆端了三个菜，并买了一瓶酒，请孙玉兰的小叔和一位战友作为见证人，在宿舍里吃了一顿饭。

他们结婚的洞房，是部队的一间单人宿舍。宿舍没有任何装饰，只是孙玉兰用她那双灵巧的手，用买来的红纸剪了三幅喜鹊闹春的喜字，一张贴在门上，一张贴在窗户的玻璃上，一张摊放在张富清叠得比豆腐块还要整齐的军被上。

简朴的婚礼，让两个新人终生难忘。

八、到来凤去

人生的奇妙就在于常常出乎人的意料。

1955 年 1 月，经过一年多的文化补习和专业学习，张富清即将光荣毕业。毕业本是很正常的事情，可他们这批学员一毕业，将迎来集体转业。学校领导希望他们以党的事业为重，关键时刻听从党的召唤，到最艰苦的地方去，到人民需要的地方去。

那时，国家百废待兴，社会主义建设全面展开，不仅军队需要人才，地方更需要年轻有为的干部。在人生的十字路口，张富清面临转业分配到何处去的抉择。当时，他有三个选择方向：一是回老家洋县，二是留在武汉，三是到湖北恩施来凤。回洋县，既便于开展工作，又可回报家乡人民，还可照顾亲人。武汉，九省通衢，城市环境优越，工作生活便利，是人人向往的大城市。恩施来凤，山高沟深，穷困偏远，条件艰苦，人生地不熟，开展工作难度大，生活困难大。

过去，在事关个人前途命运的问题上，张富清是自己一个人拿主意、做决定，不需要与人商量。现如今，他不再是单身一人，三种选择也许就是今后三种迥然不同的人生，他需要与妻子商量。他对孙玉兰讲了转业分配可以选择的三个去向，也给孙玉兰讲了领导的动员谈话。他说："领导动员我到湖北恩施来凤，那儿偏远落后，环境艰苦，情况复杂，需要干部，你愿不愿跟我一起去？"

孙玉兰不假思索地说："嫁鸡随鸡，嫁狗随狗。你转业到哪儿，我跟你到哪儿。"

孙玉兰的回答让张富清既诧异又惊喜，他没想到妻子的觉悟如此之高，决心如此之大。结婚时，他回不了家，一封信回去，孙玉兰二话不说就来到了部队，而且对举行婚礼没有任何要求，那时他就在心里庆幸自己找到了一位通情达理、可以同甘共苦的好媳妇。尤其是结婚后朝夕相处，孙玉兰的贤惠温柔更让他无数次感慨自己拥有了一生的好伴侣。他万分欣喜地说："那就好，我们听党的，就按组织的要求到来凤去。"

但是，孙玉兰还是怀着好奇心问："来凤在什么地方？"

张富清也没有去过来凤。他只是在领导办公室里挂着的地图上看过来凤二字。来凤位于湖北的西南角，在湖北、湖南和重庆的交界地带，属于湖北省的边地；那里群山连绵，是个穷乡僻壤。他对孙玉兰实话相告：

“我也只是在地图上看过，在湖北省的西南部，那儿尽是大山，比我们老家北面的子房山好像还要大。”

孙玉兰一脸灿烂地笑着说：“难道比我们洋县北面的华阳还大？比秦岭山还大吗？”

张富清说：“来凤我也没去过，不好比较，听湖北的战友讲，那儿很穷，反正你要做好吃苦的思想准备。”

孙玉兰不服气地说：“在老家，我家虽然比你家条件好点，但也好不了多少，我从小也不是在蜜罐子里长大的。”

张富清说：“你这样说，我就放心了。”

孙玉兰说：“只要能够与你在一起，吃再大的苦，我也能忍受。”

张富清一把握住妻子的手说：“可是说好了，我明天就找领导去报名。”

孙玉兰幸福地说：“在哪儿不是工作，到哪儿不是生活。”

第二天一上班，张富清就走进了教导员的办公室，正式提出了转业到来凤工作的申请。

教导员对张富清主动申请去来凤县工作大为感动，出于关心，他提醒张富清说：“你是我们队一百多人中第一个报名到来凤那样的艰苦地区工作的，你的精神让我很受感动。鉴于你的积极表现，我实话告诉你，到来凤是组织的号召，而不是行政命令，希望你慎重考虑，到那儿工作可是一辈子的事情，一旦组织决定后，就无法更改。”

张富清坚定地说：“既然是组织的号召，我定当响应。”

教导员关心地问：“你现在不是单身一人了，你与你那口子商量了没有？”

张富清说：“昨晚我们俩就合计好了，她支持我到来凤工作，表示我到哪儿她就跟到哪儿。”

教导员如释重负，说：“你真是找了个好媳妇！”

张富清在离开教导员办公室时问：“还有几天宣布命令，办离队手续？”

教导员掰着指头算了算说：“还有好几天，这几天我批你假，带上媳妇看看黄鹤楼，看看东湖，等转业到了来凤，出来一趟可就不容易了。”

孙玉兰到部队生活已有一些时日了，张富清还没有带她到汉口繁华的江汉路去逛一逛，更没有带她上黄鹤楼去看一看。有一次，孙玉兰问他，黄鹤楼上有黄鹤吗？长的什么样子，难道比我们老家的朱鹮还好看吗？张富清听了笑得差点喘不过气来，他问孙玉兰，是谁说黄鹤楼上面有黄鹤？孙玉兰说，听一个军人家属讲的，她说黄鹤楼上的黄鹤长得金光闪闪的，翅膀一张，比簸箕都大。

张富清听后心里不是滋味。孙玉兰到部队几个月了，他竟然从没带她到江汉路上看看海关大楼，逛逛鳞次栉比的商铺，也没有带她坐船到长江上感受江水的浩荡，更没有一同登上蛇山，去看黄鹤楼。其实，他也只到黄鹤楼去过一次，那次还是学校组织的。他满怀歉意地对妻子说，黄鹤楼建在蛇山顶上，它是中国的四大名楼，最有名的诗句是“故人西辞黄鹤楼，烟花三月下扬州。孤帆远影碧空尽，唯见长江天际流”，是诗仙李白写的。

李白的这首《黄鹤楼送孟浩然之广陵》，张富清还是跟随部队参观黄鹤楼后才记下的。黄鹤楼上题写了那么多名句，可他唯独记下了李白的这首诗。在以后的岁月中，张富清能背诵的诗，除了毛主席的诸多诗词，也就是《黄鹤楼送孟浩然之广陵》这一首了。

那时，他们的文化补习学校已经从武昌搬到了汉口黄浦路上。第二天天蒙蒙亮，两个人就起了床，先坐公交车到汉口码头，然后坐渡轮过长江到蛇山脚下。

上山的路用石条铺成，年轻的小夫妻，爬几十级的台阶，如走平地一般。上到半山腰，就到了黄鹤楼的大门前。清晨的太阳刚刚从长江东边的天际冉冉升起，霞光万丈，映照在波涛奔涌的江面上。浩浩荡荡的江水从龟、蛇两山之间穿过，翻着白浪，滚滚向前，犹如万马奔腾。

黄鹤楼的大门简朴、庄重。上楼的台阶也是清一色的石条铺成，牢固而坚实。在黄鹤楼前的花坛中，两只黄鹤归来的铜雕，在朝霞的映衬下，闪闪发光，栩栩如生。张富清在心里想，难怪那个军人家属讲，黄鹤楼上有黄鹤。立于黄鹤楼下，仰头朝天空看去，近在眼前高耸入云的黄鹤楼上仿佛真有黄鹤在云端翱翔。

进入黄鹤楼，他们一层一层地爬，一层一层地看。每一层的布局不同，景观也不同，在每一层看长江和龟山，都有不同的感受，留在大脑里的图景也就有了神奇的变化。黄鹤楼里保存的丰富的文化遗产里除了壁画就是无数文人骚客留下的千古绝唱。面对这些佳作，张富清有选择地给孙玉兰朗读了几首。孙玉兰虽然识字不多，但她父亲读过十年私塾，在老家双庙村算是最有文化的乡贤。孙玉兰小时候跟母亲学做女红，也跟父亲学背《三字经》，至今都能完整地背诵，只可惜会背不会写，更识不了多少字。面对那么多颂扬赞美黄鹤楼和长江的诗词，孙玉兰唯独对崔颢的《黄鹤楼》情有独钟。她在跟着张富清吟诵两遍后，竟然一字不漏地记住了。站立于黄鹤楼的最顶层，望着滔滔不绝的长江，看着拔地而起的龟山，孙玉兰像小时候背《三字经》那样背起了《黄鹤楼》：“昔人已乘黄鹤去，此地空余黄鹤楼。黄鹤一去不复返，白云千载空悠悠。晴川历历汉阳树，芳草萋萋鹦鹉洲。日暮乡关何处是，烟波江上使人愁。”

听着孙玉兰深情的朗诵，看着烟波浩渺的江水，张富清心里涌出一丝丝酸楚：到来风去，将远离故土，今天登黄鹤楼也许就预示着一生与故乡的离别。

很快，转业命令宣布。张富清办完手续后的当天下午，就带着孙玉兰到长江码头购买了第二天从汉口开往宜昌的船票。

第二天天未亮，他们早早地起了床，张富清像过去行军打仗一样将被褥捆好，孙玉兰将一些简单的生活用品和衣服分别装进两个帆布包里。除此之外再没有其他多余的物品。一切收拾完毕，天才放亮。

张富清背着背包，一手提着在北京驻训时部队配发的棕色皮箱，一手提着一只装有生活用品的帆布包，另一只帆布包由孙玉兰提着。一个背包、一个皮箱、两个帆布包，就是他们的全部家当。

让张富清没有想到的是，刚出门就看见队领导和战友们已早早地等候在门口为他们送行，因为分配前的座谈会、会餐送别都已在昨天晚上进行完毕。队教导员拉着他的手，一再叮咛说：“到地方工作，工作任务发生了变化，工作环境发生了变化，工作对象发生了变化，千变万变，只要永葆革命的理想信念，永葆为人民服务的思想，永葆军人吃苦耐劳的本色，就一定能够战胜一切艰难险阻……我们期待着你在新的工作岗位上为人民再立新功。”

张富清手中提的包早被送行的战友接了过去，腾出来的两只手，一只被队长拉着，一只被队教导员拉着，如此热情的送别场面他还是第一次经历。他本来就嘴笨，不善表达，面对两位队领导的深情嘱托，他激动得一个劲地点头。时间到了，在战友们的祝福声中，张富清与孙玉兰坐上汽车，离开学校大院，来到了汉口船运码头，登上了汉口开往宜昌的轮船。太阳从东方升起，霞光映红了波涛起伏的江面。早春二月的风，裹挟着寒气，吹得人喘不过气来。随着“嘟——嘟——”几声长鸣，船逆流而上起航了。迎面扑涌的大浪撞击着船头，发出噼噼啪啪的声响；船尾则是船身犁出的槽痕，但很快就被随后跟来的浪涛给填平了。

他们放好了行李，来到了甲板上，兴致勃勃地欣赏长江两岸的美景。激动之中，孙玉兰又开始小声吟诵《黄鹤楼》：“昔人已乘黄鹤去，此地空余黄鹤楼……日暮乡关何处是……”张富清听着孙玉兰的吟诵，心情如长江浪花般翻滚。他在想，远离了乡关，云雾中的来凤是个什么样子呢?

来凤虽说跟武汉同归湖北省管辖，却是那样的遥远。从汉口溯水而上到巴东用了整整两天。好在他们是第一次坐船，都不免激动，也不觉得时间过得慢。在巴东码头上了岸，换坐汽车到恩施又用了两天，尽收眼底的不再是广阔的江汉平原，而是层峦叠嶂的万重大山。从恩施到来凤也就 140 多公里，他们以为大半天的工夫就可抵达，但汽车行驶在崇山峻岭间就像一头老牛走走停停，硬是走了两天。足足一个星期的时间，他们才从武汉抵达来凤县城。

九、粮油所主任

张富清站在来凤县城中心的凤鸣山上，鸟瞰来凤，县城像一颗晶莹剔透的明珠，被四面翠绿的群山环抱。其形其景与家乡洋县何其相似，只是来凤城关的地势没有洋县平坦宽阔，四周的山也比洋县高了许多。

来凤县城地处鄂、湘、川三省交界要冲，位于四面环山的小盆地里，是典型的“一脚踏三省”之地。一条西水河从县城南边流过，河的对岸就是湖南龙山县。西水发源于宣恩县七姊妹山，流经来凤段长 89 公里，于沅陵县城西汇入沅江，奔向洞庭湖，是土家族儿女的母亲河。

张富清与孙玉兰从小到大生活在汉江和湑水河边，对有河水流经的城镇怀有特殊的感情。眼前环山蜿蜒、贴城而过的酉水河，让他们倍感亲切。

酉水河以水美闻名，尤其是沈从文的名篇《边城》发表后，酉水河更是名扬中国。张富清与孙玉兰没有读过《边城》，不知道沈从文曾深情地描写："白河便是历史上知名的酉水，新名叫作白河……若溯流而上，则三丈五丈的深潭清澈见底，深潭为白日所映照，河底小小白石子，有花纹的玛瑙石子，全看得明明白白。水中游鱼来去，皆如浮在空气里。两岸多高山，山中多可以造纸的细竹……逼人眼目。近水人家多在桃花里……"

因为有一条美丽神奇的酉水河从县城边流过，来凤也就平添了许多神韵。可是1955年的来凤还处在贫穷、落后、近乎原始的状态中。说是一个县，其实"块头"与当今的一个镇相比大不了多少。

第二天，张富清找一位分管转业干部的县领导报到，县领导简要地给他描述了来凤县基本情况后，也许出于对张富清是转业军人的考虑，还重点给他介绍了来凤县的革命历史。来凤县是一个具有光荣革命传统的革命老区：1927年，共产党员张昌岐、杨维藩等在来凤县建立来凤县支部；1934 年，来凤县成为贺龙率领的工农红军创建的鄂、湘、川、黔革命根据地的重要组成部分；1935 年 11 月，红十八师参谋长兼五十三团团长刘凤在来凤壮烈牺牲。来凤参加红军的人很多，有 300 多名红军战士倒在了长征路上，可以说，来凤是英雄的故乡。同时，来凤的情况也较复杂，1950 年至 1951 年，来凤经过大小剿匪战斗 87 次，捕歼土匪近万人。

听到“英雄”“土匪”四个字，张富清心里一颤。难怪到来凤之前，学校领导对他讲，来凤情况复杂。他当时并未理解，还以为是人际关系复杂。现在听县领导一番介绍，他终于明白，来凤情况的复杂性在于，既诞生了众多革命英雄，又滋生了为数不少的土匪。

来凤街道两旁的房子，大多为木板房，既破且旧，一条蓝河（也叫老虎洞河）穿城而过，流入城边的酉水河。老百姓的房子多临蓝河而建，总共不过三街九巷，人口稀少，不满五千。除了两家铁匠铺，几乎没有工业，生产落后，民生凋敝。看着群山环抱的县城，张富清深深感到现实的来凤可与“有凤来仪”这个比喻相去甚远。

县上的领导得知前来报到的张富清经历过战火的考验，上过军事文化补习学校，接受过专业的培训，于是给他安排了一份很重要的工作——担任城关镇粮油所主任。

俗话说“民以食为天”。粮油所主任这一职务，在来凤小县城里可谓比天还大。来凤是七分山地三分田，而且山高沟深，百姓基本上靠天吃饭。落后的农业生产条件使粮食收购在来凤显得更加困难。那时，国家实行的是粮食“统购统销”政策，天时和地利对来凤来说两头不靠，城市人口需要大量粮食，可收上来的公粮又不够分，供需矛盾十分突出。为了填饱肚子，县城里的人时常用一斤粮票去换五斤红薯，红薯虽然没有大米饭好吃，虽然吃得粗糙，可总比饿肚子强。

张富清为此绞尽脑汁，想了不少办法。一方面自己建米厂，搞大米加工，尽可能增加精米供应；另一方面严把规矩，严格分配。有一天，县里一个单位派人来买米，以不容商量的口吻要求多给细米——细米就是优质米。张富清也不客气地呛道：“群众别说细米，粗米都不够，按规矩办。”这名办事员很生气，回去就找领导告了状。县上一位领导听说后，专门把张富清叫到办公室，直截了当地提醒他注意工作方法，原则要讲，灵活性也得有，办事不要太死板固执。在权力面前，张富清没有退步，他掷地有声地说：“粮食紧缺，谁也不能搞特殊，不然就违反了党的政策！”

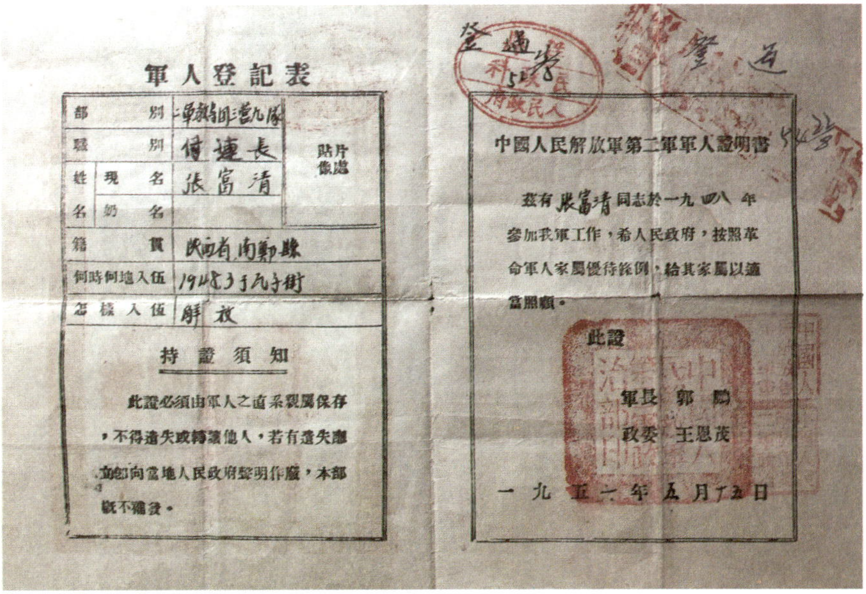

軍人登記表

部別		貼片像處
職別		
姓名 現名	張富清	
姓名 奶名		
籍貫		
何時何地入伍	1948	
怎樣入伍	解放	

持證須知

此證必須由軍人之直系親屬保存，不得遺失或轉讓他人，若有遺失應立即向當地人民政府聲明作廢，本部概不補發。

中國人民解放軍第二軍軍人證明書

茲有張富清同志於一九四八年參加我軍工作，希人民政府，按照革命軍人家屬優待條例，給其家屬以適當照顧。

此證

軍長 郭鵬

政委 王恩茂

一九五一年五月　日

1951 年中国人民解放军第二军政治部为张富清签发的军人证明书

县领导听了，气得脸红一阵白一阵，可又不便发威，毕竟张富清说得有道理。张富清也不管那么多，也不管领导高不高兴，一句妥协的话也没说，更没找个台阶给领导下。最后，领导只得自找台阶，夸他坚持原则，党性观念强，不愧是部队培养出来的，有军人直来直去的硬作风。张富清也不去想领导是在真夸他，还是话里有话。他本来就不爱说话，坐在那儿半天也不言语，谈话在尴尬的气氛中不欢而散。

淳朴简单的张富清一身清爽地走出了县委县政府办公楼，迎着扑面而来的春风，抬头望一眼蓝天白云，他像打了一次胜仗，情不自禁地哼唱起了在部队学会的第一首歌曲《三大纪律　八项注意》："第一一切行动听指挥，步调一致才能得胜利；第二不拿群众一针线，群众对我拥护又喜欢；……"

1955 年 11 月，张富清和孙玉兰的大女儿出生，因为是头胎，又生在异乡来凤，所以他们给女儿取名为张建珍。小家庭从此多了新的成员，在来凤他们后继有人了。

张富清勤勉、扎实、清廉的工作作风，赢得了上上下下、里里外外的一致好评。当年来凤县粮食局党支部对张富清进行了考察，结论是："能够带头干"，"群众反映极好"。因为工作成绩突出，1956 年 5 月，他被提拔为县粮食局副局长，任职不久，又到纺织品公司任党支部书记。

十、找 水

正当张富清准备甩开膀子大干一场的时候，他被安排进入恩施专区党校脱产学习（1955 年 5 月，恩施地区改设专区）。

张富清自知自己从小没有上过一天的学堂，是地地道道的文盲，只是从 1953 年下半年到 1954 年年底，他才正儿八经地在解放军办的正规文化补习学校里扫了盲，识了字，粗浅涉猎了党的基本知识和基本理论。因为时间太短，不仅不系统，也不完整，对毛泽东思想的掌握更是一知半解。他深知自己文化底子薄，跟不上社会主义建设发展的需要，他十分渴望学习。当县领导征求他意见时，他说："我是个放牛娃出身，能进党校学习，我是求之不得。"

县领导说："社会主义建设，既需要实干型干部，还需要有文化的干部，你缺少的就是文化，希望你珍惜机会，在党校里好好学习，以提高文化和理论水平。"

这一年是 1957 年。春暖花开的 3 月，张富清走进了恩施专区党校，对知识的渴望，让他就像嗷嗷待哺的婴儿，总是饥饿，总是吃不饱。有不认识的字，他就查阅随身携带的《新华字典》，这本《新华字典》是他 1953 年 8 月在北京王府井新华书店购买的，为的是到文化补习学校方便认字读书。从此这本字典派上了大用场，成为他的贴身宝贝、他的随身老师。

在党校学习期间，他勤学苦记、分秒必争，别人上课学，他加班加点学，星期天也学，一有疑难问题就虚心地求教于老师和同学。他要抓住党校脱产学习的大好时机，填补自己的知识空缺，为今后投身社会主义建设打下文化基础。也就在这一年的深秋，张富清的大儿子出生了，那是一个国家建设的火热年代，他给儿子取名为张建国。

1959 年，正是“大跃进”如火如荼的年代。一年前的 1958 年 5 月，中共八大二次会议正式通过了“鼓足干劲、力争上游、多快好省地建设社会主义”的总路线。张富清从党校学习结业之时，正是“大跃进”进入高峰之际，刚刚成立的人民公社急需能吃苦、作风硬、纪律强的基层领导干部。为此，组织上任命张富清担任三胡公社（1958 年成立农村人民公社，实行政社合一，三胡区改制为三胡人民公社）副主任，希望他能带领当地群众，尽快改变三胡的落后面貌。

在当时，来凤县城里的人常这样打趣三胡公社：

三胡的人，都是吃稀饭的，如果在县城看到谁衣服上有稀饭渍，准是三胡的。反正一个字：穷！

那个时候，张富清一家人已经在来凤县城生活了整整四年。经过这四年的适应，他们已由当初的人生地不熟、听不懂当地的方言、吃不惯当地的饮食，逐渐融入了当地人的生活。家里的人口，也由当初的两个人，变成了四口之家，女儿建珍已有 4 岁，儿子建国也有 2 岁了。一家四口人住在两间砖瓦房里，虽然房子不宽敞，但也不太拥挤；生活虽然过得清淡，但一家人和和美美，苦中有乐。从来凤县城到三胡，不仅工作环境和生活条件将发生很大的变化，而且子女入学以及就医更是困难；从县城到山沟乡镇，生活质量不是大踏步地提高，而是大踏步地后退。在山区乡镇工作的人，无不盼望有朝一日调进县城工作，或者是能把家安在县城。可张富清却一路“逆行”，从武汉大城市到偏远落后的来凤，又将从来凤到最贫穷的三胡。

张富清至今还记得县领导找他谈话的情景。那是他从党校结业回到县城上班不久的一天下午，县上的一位领导代表县委找他谈话。县领导先是对张富清优良的思想品德、出色的工作业绩进行了一番肯定，然后对张富清在党校优异的成绩和突出的表现给予了赞扬，接下来县领导话题一转说：“我们来凤有一个三胡公社想必你也知道，那里自然条件很差，人民群众生活贫穷，公社党委班子缺少年轻有为的干部，组织上经过慎重考虑决定安排你到三胡去工作，担任公社革委会副主任，希望你继续发扬不怕吃苦的优良作风，用你的实干精神，与公社党委一班人，团结奋斗，带领三胡群众早日改变贫穷落后的面貌。”最后，县领导关心地说，有什么想法和困难，尽管讲出来。

张富清对三胡的贫穷落后，不仅早有耳闻，而且曾亲眼所见，但他依然毫不犹豫地表态说：“只要是组织的决定，我都坚决服从。”因为在党校学习期间，张富清便萌生了到基层为社员群众做点实事的想法，所以县领导的谈话、组织对他工作的安排并没有让他感到意外，反倒觉得合了自己的心愿。他决心用在党校学到的知识，用自己的青春，用自己的满腔热血，去改变山村的面貌，让社员群众过上有吃有穿的幸福生活。

当天晚上，在饭桌前，张富清把下午县领导找他谈话，派他到三胡任职的事情告诉了孙玉兰。孙玉兰不知道三胡在什么地方，便好奇地问：“三胡在哪里？”

张富清说：“三胡在来凤县城的西北面，在一个叫胡家沟的大山沟里。”

孙玉兰又问：“那从来凤县城到三胡有多远？”

张富清说：“远倒是不远，也就30多里的路程，只是路不好走，出城就是爬山。”

孙玉兰忧虑地说：“你到了三胡，我们母子怎么办？”

张富清说：“你要是不怕吃苦，就跟我钻山沟。”

孙玉兰说：“我们不是已经住进大山里了，只是建珍、建国年龄都小，建珍就是因为来凤医疗条件差，才落下了病根。”

张富清想了想说：“要不你们留在城里，我有时间就回城里看你们。”

孙玉兰说：“留在县城里，就医上学倒是比三胡方便，可我们在城里一个亲人也没有，也没个依靠。你到了乡下，进了大山，回来一趟也不容易，一心挂两头，反倒干不好工作。我们还不如跟你去，一家人有苦同担、有乐同享。”

张富清说：“你可得想好了，迁出了城，想返回来就难了。”

这一夜，孙玉兰辗转反侧睡不着。她倒不是怕吃苦，也不是适应不了山里贫穷落后的生活。她主要是担心山里医疗条件差，女儿已经落下了病根，万一儿子再出现什么意外情况，那可怎么办啊。

鸡叫五更了，她的脑袋依旧一团乱麻。回望与丈夫一起走过的路，她蓦然想起自己当初在决定离开武汉到来凤时对丈夫说过的“你到哪儿我跟你到哪儿”，这句话让她的心里顿时亮堂起来，纠结像乌云被风吹跑了一般，人一下子轻松了，内心的宁静让她很快安详地进入了梦乡。

哪里有困难就到哪里去，越是艰苦的地方，越是一往无前。张富清接到任命后，没有留恋，更没有犹豫，举家迁到了三胡公社所在地胡家沟，住进了紧靠山根、房门临街的两间土砖房里。

三胡公社在两座高山间的峡谷里。全公社人口有2万多，以汉族、苗族、土家族为主。那时，张富清干劲冲天，他甩开膀子、迈开步子，用两个月的时间跑遍了三胡所辖的胡家、苏家堡、猴栗、三堡、八股5个管理区，18个生产大队，214个生产小队（1958年三胡成立人民公社时的行政体制），他对农村、对三胡贫困落后的情况，有了更细致的体会和更深刻的认识。

三胡多山，多高山。“地无三尺平，人无三分地，身无三分银”，三胡是样样都占。还有人的思想观念，更是处在一个近乎原始的状态。

靠天吃饭的地方，最怕的是天旱，可偏偏三胡连续两年大旱。老天似乎在考验张富清。在他到任两个月后，三胡又遭遇了百年未遇的旱灾，一时间各生产大队人畜用水告急。“谁去上巴院子？”公社党委田书记眼巴巴地望着党委成员。

“我去！”张富清站起来干脆有力地说。

第二天一大早，张富清头戴草帽，脚穿草鞋，背上挎包和水壶上了路。

那时，三胡公社与各管理区、生产队不通公路，仅凭一条条崎岖陡峭的山路与各生产队相连。张富清天麻麻亮从家里出发，走到下午三点才到上巴院子。因为天太热，身上带的一壶水早已喝得见了底。四面环山的上巴院子唯一的一条小河干涸了，所有的堰塘干涸了，田地里的庄稼干枯得可当柴火用，就连村中寺庙里一口千年不干的老井也快见了底。

在生产队队部，因急火攻心而满嘴起泡的大队支书说：“从来没有见过这么干旱的天，多久了一滴雨都没有下，再不下雨，人都得干死！”

张富清一口陕西话，当地人听不大懂，他尽量少说话，要说就说短句：“找到水才能保命，等雨咋行？”

支书舔了一下嘴唇说：“寺庙里千年古井都见了底，还能有什么办法？”

在他们的观念中，只要庙里那口古井枯竭了，其他的地方就再不会有水。古井标志着干旱的程度，也影响着他们找水的信心。

张富清的倔劲上来了，不容商量地命令道：“这么大的山，不可能没有水，出去找！”

支书扭头瞅了一眼窗外火辣辣的太阳说：“古井都见了底，其他的地方也不会有水。”

张富清干渴的嗓子仿佛在冒烟，他抿了抿嘴唇说：“不找，你怎么知道找不着？”

支书又看了一眼窗外说：“太阳像个火球球，会热死人的。”

张富清一听他说“热死人”，心里就冒火，略带怒气地批评说：“难道比上战场还可怕吗？”

支书听了不再吭声，屋子里一时陷入寂静。窗外大槐树上的蝉正拼了命地聒噪。

张富清对民兵连长邓明诚说：“邓连长，你当过兵，还上过朝鲜战场，你怕死吗？如果不怕死，你就跟我当找水的突击队员。”

张富清到三胡后，往上巴院子走过一趟，与支部“一班人”见过一面，对高大壮实的邓明诚留下了较为深刻的印象。邓明诚当了八年的通信兵，参加过抗美援朝战斗，经受过战火的洗礼，登过海南岛，是一条敢闯敢干的硬汉子。

他立马站起来说：“你张主任都不怕死，我的命能比你张主任的命更金贵吗？”

张富清就像是当年在战场上炸碉堡、当突击队员一样，呼的一下站起来，手一挥说：“那就好，我们去找水。”

张富清顾不得歇口气，顾不得酷暑炎热，带着邓明诚进山去找水。张富清家住汉江边，了解水的习性，知道山有多高，水就有多高。他们沿着干涸的河床走，去找河水的源头。太阳像火球，山上的树都快烤焦了。炽热的鹅卵石直烫脚板，攀爬一道道崖壁，就像手里握着滚烫的烤红薯。他们热得嗓子像着了火，全身汗水不停地往外冒，衣服是湿了干、干了湿。太阳落山前，他们终于走到了小河的源头。源头在一座陡峭的山峰下的一个石洞里，洞口有大水缸粗。邓明诚说，往年这儿可是泉水叮咚，现在成了干鱼嘴。张富清摆了摆手，示意邓明诚少说话，以保存体力。他蹲下身子，弯着腰往洞里钻。邓明诚用手扯住张富清的衣服说，不要往洞里走得太深，听祖辈讲，洞里有妖怪，凡进去的人，就没有能走出来的。张富清笑了笑，让他留在洞外守着，自己钻了进去。

山洞黑黢黢的，像张着的鳄鱼嘴。地上的细沙软绵绵的，空气潮湿，给人一种阴森森的感觉。张富清从挎包里取出手电筒，洞穴一下子亮堂了。越往里走越清凉，越往里走越幽静。刚才还大汗淋漓，现在全身凉爽。他照了一下洞壁，再用手摸，石壁上不像外头那么干燥，有一种湿漉漉的感觉。此时，突然从前方传来水的滴答声。他赶紧往前走几步，拐一道弯，在手电筒的光束下，一摊清水如蓝宝石般发出光亮。他仿佛在沙漠中看到了绿洲，几步奔过去，先是用手在平静的水面上划了几下，然后将手电筒放到一边，用双手捧起水一口气喝了个够，只觉得凉爽沁入了心坎。他拿起手电筒朝石壁上照去，凹陷的石壁长满了青苔，一股股清泉水正顺着青苔向下缓慢地滴淌着。

张富清欣喜万分，朝洞外大喊了几声，但不见邓明诚应答，山洞里只有他自己的回音。他取下喝空了的水壶，装了满满一壶清泉。

张富清走出洞外，邓明诚正急得在那儿转圈圈。张富清对邓明诚说："这下好了，洞里有水。"邓明诚哪里肯信。张富清将水壶递到他手中，说："你喝一口就明白了。"邓明诚接过满当当的水壶，顿时手心里感到丝丝凉意，他激动地一把拧开水壶盖，仰起脖子咕嘟咕嘟直往喉咙里灌，然后一抹嘴巴感慨万分地说："太解渴了！祈祷观音下雨不见雨，张主任来了有水喝。"

张富清看天色还早，让邓明诚赶在太阳落山前回村里，通知每家派一个人来取水。

这一夜，上巴院子沸腾了，人们喝到了甘甜的泉水。天旱干死人的恐惧在他们的心中烟消云散。通过

邓明诚老人讲述当年找水的往事

找水这件事，人们明白了一个道理，那就是天无绝人之路，只要努力就一定能走出困境。

第二天，在张富清的带领下，他们又在一个深山沟里找到了一处泉眼。第三天，他们继续扩大战果，在离村庄最远的北山峰下再次找到了一个泉眼。

这一年入秋后，张富清带领上巴院子的几个生产小队的社员大搞水利建设，在几处水源地筑了小水坝，修渠引水，确保农田灌溉。1961 年、1962 年，上巴院子连续两年粮食丰收。他们不仅摆脱了干旱饥饿，还积累了在水源地修筑小水坝、在小河滩修筑小堰塘来抗旱保丰收的经验。

十一、驻 队

通过对生产队的逐个摸底走访，张富清发现三胡公社水利设施几乎是一片空白。长期以来，人们形成了听天由命、靠天吃饭的消极思想。

就拿公社的供销社、副食品公司来说，每年都处于亏损的状态，历届分管领导、干部职工都习以为常，没人去想为什么亏损，也没人去想如何扭亏为盈。年底，分管这些部门的张富清很想让他们拿一些钱出来购买慰问品，慰问烈军属和贫困户。让他没有想到的是，无论是供销社，还是生资公司，无论是副食品公司，还是粮油公司，竟没有一个单位能拿出钱来。一问原因，他才知道，这些在老百姓眼里的好单位，不仅没有一家是赢利的，而且年年亏损，相互的区别只是在于亏损的程度。张富清大惑不解，这些公家单位和部门，所经销的物品都是国家统购统销，不存在竞争，不存在物资过剩，也不存在让利销售，怎么会亏损呢？张富清逐个深入调研，最终发现了其中的问题，那就是从领导到职工，责任心、事业心不强，长期的“大锅饭”体制使他们养成了亏集体不亏自己、“崽卖爷田不心疼”的惰性。为此，他利用召开年终总结表彰会的时机，召集了供销社、副食品公司的书记主任开了亏损分析整改会，提出了“精打细算，开源节流，扭亏为盈”的思路，要求各部门各单位制订出扭亏为盈的具体措施。采取的方法是以小组为单位，实施成本核算，谁亏损，找谁的原因，查谁的账。刚开始推行时，不少人有抵触情绪。随着成本核算推开，一些隐性的漏洞被堵住，年底核算时，三胡公社营业单位基本实现扭亏为盈的目标。

三胡大山连绵，受地理环境的影响，三胡人祖祖辈辈形成了农业“靠天收”的观念。针对这个情况，张富清在公社党委会上提出了两步走的建议：第一步，立足眼前，精耕细作，提高粮食产量，确保增产增收，解决社员群众的吃饭问题；第二步，因地制宜，大兴水利建设，降低大灾之年的损失，保证社员群众小灾有饭吃、大灾不饿肚子。公社党委经过讨论，采纳了他的意见。

20世纪50年代末60年代初，正值国家历经三年困难时期。来凤也是一连几年大旱，粮食歉收，饥荒严重，许多群众食不果腹，不少人饿得全身浮肿。张富清看在眼里，疼在心里。如何解决老百姓吃饭的问题？张富清一番苦思冥想，向公社的田书记提出了党委成员包村驻队的建议，这一建议得到了田书记的赞同。于是张富清第一个背上被褥，到山上驻队。

深入到乡村百姓家里，张富清又一次体会到什么叫真穷：不少群众几乎顿顿以菜代饭，一些人口多的社员家，连菜稀饭都喝不上；有的贫困群众，缺衣少穿，用线把烂布片缀起来遮羞，父亲与儿子、母亲与女儿共用一条裤子，谁出门谁穿。

面对老百姓的贫困境遇，张富清想，我们共产党领导劳苦大众翻身之后，还要解决好贫困这一大问题。看着眼前的景象，他感到肩头的责任重大。他深感作为一名党的基层领导干部，让老百姓吃饱穿暖是义不容辞的责任。

对于家庭实在困难的，他经常拿出自己的工资接济，可毕竟杯水车薪。因为他自己一个人也要养活一家人，根本没有多余的闲钱。钱太少了，有时连燃眉之急都解不了，他为此时常心焦。

经过与乡亲们座谈交流，根据当时的条件，办法只有一个，那就是要把生产搞上去。说起来容易，做起来难。但无论多么困难也要想方设法克服。张富清在心底暗暗下定决心，过去打仗连死都不怕，难道现在还怕困难吗?

张富清不怕山高路陡。他走进最偏远的山寨子，住进最贫困的社员家。社员家无论吃的是玉米、土豆、红薯，还是野菜，他一样跟着吃。张富清不怕过苦日子，他出生于贫苦家庭，从小在苦难与饥饿中成长，是共产党、人民军队救他于水深火热之中，培养他成为中国人民解放军的光荣一员，成为党在基层的一名领导干部。让群众过上吃得饱穿得暖的幸福生活，是他为之奋斗的使命。面对眼下的困难，他决心与社员群众同甘共苦、共渡难关。驻队期间，他从不搞特殊，不开小灶，并且按规定交伙食费和粮票，一餐半斤粮票，一天三角钱伙食费，一个月三两油票，三五天结一次账。

别小瞧三角钱，三角钱在20世纪60年代初，往小里说，可以到餐馆里饱餐一顿，解解馋；往大里说，可以到商店里扯一块便宜布料，做一件衣服。农村里的一个壮劳力，干上一年，年底分红别说一天三角钱，三分钱也未必能挣得上。

虽然张富清交给社员家的伙食费远比他吃到嘴里的多，可社员并不领他的情，对他是不冷不热不欢迎，他们认为张富清是“公社来的干部，干不了农活，是来添乱的”。他组织劳动生产，有人就抱怨说：“我们连饭都吃不饱，哪来力气干重活？”

针对社员的意见，张富清在心里琢磨，要想打消大家的疑虑，消除抵触情绪，唯有靠实际行动拉近与他们的距离。

在工作中，他尽量少说多做，每天与社员群众一起上山干农活。当兵前，他虽然在地主家当长工，做过农活，可那是在老家洋县和城固，那里多半种水田，而且多是平地。这儿是三胡，是山坡地、沟谷地，两处在种地耕作方式上存在着不小的差别。为此，他留心观察，虚心向老农学习各种劳动技能。那些日子，他手上的血泡没断过，先长成新茧，又磨成老茧。

社员家的房子，有的建在沟底，有的建在半山腰上，也有的建在山顶上。无论是在沟底，还是在山顶，所有的道路，无不是羊肠小道，无不是坡陡路滑。田块也是或大或小，形状各异，依着山势形成。路太陡了，粪是挑不上山的，社员们都是用背篓背。背粪时，社员背多少他也背多少，社员背几趟他也背几趟，而且从不少背，一天背下来，身上、衣服上都分不清是汗水还是粪水，反正气味刺鼻，臭烘烘的。

到了冬天，他就带领社员群众因地制宜，在河沟里修建小水堤，挖引水沟，疏浚河道，大抓农田水利建设，确保旱有水灌、涝能排水。

那时的乡村，每家孩子都多，而且房子都不宽敞，更没有多余的床。他要么睡在人家谷仓的盖板上，要么睡在阁楼板上。如果既没有阁楼板也没有谷仓盖板，他干脆睡在柴屋里，铺上稻草当床。晚上，刚躺下睡觉，蚊子和跳蚤又一齐开始“群团攻击”。那蚊子真是太多了，再加上劳动了一天身上有气味，更是招惹蚊子。他只好拿起毛巾、衣服驱赶，赶都赶不走，实在没有办法，他只得把毛巾盖在脸上睡。早上起来，身上被叮得到处是包。为消灭跳蚤，他让人从供销社捎来六六粉撒在地铺下，肆无忌惮的跳蚤才老实消停。然而这一办法，也仅仅只能管一个星期。

为了让老百姓吃饱肚子，为了让老百姓过上好日子，无论多么苦、多么累、多么困难，张富清都咬牙坚持着，并且一天到晚总是笑呵呵的，以乐观向上的精神感染着身边的每一个人。张富清说话陕西口音重，再加上不少群众是土家族或苗族，在语言交流上存在一定障碍，为了让社员听懂他的话，讲话时他有意放缓语速，一字一句慢慢地说。

每次收工之后，女人要烧火做饭，男人要忙其他的活。张富清也不休息，帮社员打扫院子、挑水浇地。下雨天，不能下地干活，他就组织生产队的干部研究生产计划，制定发展目标，向社员宣传党的方针政策。

在社员家，他从不放开了肚子吃，而是看锅添饭，看碗夹菜。有时明明没有吃饱，他也从不表现出来，担心给主人添负担。有时饿得实在难受，他就跑到溪水边，喝上几大口水，然后接着干活。

张富清不怕脏、不怕苦、不怕累的劲头，让社员无不刮目相看。他们没有想到，一个公社的领导干部竟然能够如此放下身架，如此卖力肯干。于是有人在私下议论猜想，他张主任与我们老百姓吃一样的苦、下一样的力、住一样的房、吃一样的饭，究竟是为了什么？难道是为了升官？可又不像。难道真是为了让我们老百姓过上好日子？社员们很是疑惑，便要生产队的干部在开会时找个机会问一问。

那是一个下雨天，队里组织学习，开展讨论的时候，生产队队长问他说："你是公社的领导，饿不着，热不着，冷不着，为什么非要住到生产队里，与我们一道干，吃一样的苦，受一样的罪，究竟为了啥？”

张富清想也没想就说：“我是共产党的干部，可不是过去的官老爷。现在老百姓吃不饱、穿不好，我们当领导的有责任。‘与人民同甘共苦’是伟大领袖的倡导，也是对我们的要求。一句话，让社员都过上好日子，我们才对得起组织的信任，对得起人民群众。”

他的回答朴实简单，体现了他做人做事的良心。因而，在场的干部都很信服，因为他所说的，都在行动中得到证明。小小的木板房里，响起了热烈的掌声。

张富清驻队，是扎扎实实地驻队，他既不做浮萍，也不搞蜻蜓点水。如果公社没有会议，他分管的工作没有亟须解决的问题，他一般不回公社。有一天晚上，他接到了公社开会的紧急通知，吃过晚饭后，就上了路。由于干了一天的农活，吃得又少，再加上走的都是山路，步行了几十里，快要进入三胡镇，在路过一座石拱桥时，他只觉得一阵头晕，眼冒金星，腿一软，人一头栽进了桥下的河水里。

万幸，河滩里的水不是太深；万幸，有人同行。同行的人及时把他救了上来，将他送进了公社卫生院，并通知了他的妻子孙玉兰。孙玉兰慌慌张张地赶到卫生院，见到他后，他反而安慰孙玉兰说：“这点小伤，不要大惊小怪，不要给孩子们讲，更不要跟其他人说。”

孙玉兰见丈夫并无大碍，这才放下心，心疼地说：“好好好，我不说。没事就好，你真是福大命大。”

每月，张富清至少驻队 20 天，只有回公社开会时他才回趟家。农忙季节，他就一直和社员抢种抢收；农闲了，他依然驻在队里，带领社员兴修水利。

当初，有的队干部认为，一个公社副主任，在生产队里与社员一样劳动，要么是心血来潮，要么是走走过场做做样子，是撑不了几天的。事实证明，他们都估计错了。

“说实话，下乡驻队的日子，比打仗时当突击队员都难。”回忆起当年的艰辛和困苦，张富清感慨万千。

对于父亲驻队的艰辛，张建国与张健全有着不同的感受。张建国比张健全大 5 岁，对父亲驻队的情况了解得更多一些，从内心里也就比弟弟更加理解父亲的付出。张健全出生于 1962 年，那一年国家和人民的日子刚刚有所好转，三胡人民公社又恢复为三胡区。因为年幼，他对父亲当年驻队的事知之甚少，所以当他渐渐长大之后，对父亲为什么非要自讨苦吃不太理解。在见不到父亲的日子里，他常常问母亲，爸爸为什么老是那么忙，老是往乡下跑？母亲常常轻描淡写地说，你爸爸到乡下是驻队，是工作需要，他这个人就是不怕吃苦，生就吃苦的命。母亲的回答让张健全不太信服，他总想亲口问问父亲，可是一直找不到合适的时机，今天见父亲主动抛出了话题，他也就见缝插针地问道："我看了很多打仗的电影，那些当突击队员的弄不好命就没有了，驻队又死不了人，为什么你老说驻队不轻松？既然驻队艰难，你为什么还乐意往乡下跑？"

张富清思考了一会儿说："当突击队员虽然容易牺牲，可是牺牲发生在一瞬间，是死得悲壮；而驻队拼的是时间、韧劲，经受的是长期的体力消耗和意志的考验，精神支柱靠的是对党的忠诚和为人民服务的信仰。今天我们党带领人民群众进行社会主义建设，就像当年打天下一样，没有千千万万的人付出牺牲，哪里会有今天的新中国。幸福的生活不会从天上掉下来，需要我们发扬战争年代那种不怕苦的精神，带领人民群众去创造美好的幸福生活。"

张建国听后，忍不住提出了自己的想法："你下乡驻队我能理解，那是工作需要，是履行职责，可你毕竟是公社领导，完全可以少干一点，没有必要那么较真，事事冲在前头。"

张富清一听不高兴了，说："为了解放全中国，多少人献出了自己宝贵的生命。他们为什么献身？为的是中国人民翻身得解放，为的是让老百姓过上好日子。如果我们都像你说的,都少干一点,群众会怎么看?社会主义建设还能发展进步吗!”

在张建国、张健全成长的岁月中，张富清很少给他们讲大道理，只是一再教育他们学会吃苦、学会自食其力、学会靠本事吃饭。今天，面对他们的提问，张富清难得敞开心扉，谈了自己的所思所想。他不是为了想要得到孩子们的理解，而是希望用自己实实在在的言行纠正他们对驻队的认识偏差。张富清的一席话,瞬间拉近了他与两个儿子的心灵距离,在懵懂之中,建国、健全不知不觉茅塞顿开，他们不仅对父亲的初衷与付出有了些许感同身受的体会，而且对父亲的思想境界以及所做的一切有了更明了的认识。面对本真、守成的父亲，他们从内心里肃然生敬。

驻队的日子确实太苦了。对张富清来说，每一次回家，最幸福的莫过于吃上一碗妻子做的家乡的菜疙瘩，一家人坐在一起谈谈生活的酸甜苦辣。

有两位驻队干部，因为吃不了农村的那种苦，宁愿放弃干部身份，悄悄地去抓黄鳝挣钱以改善生活。

张富清从来就没有想过放弃，他认准一个目标：解决群众的吃饭问题是共产党员的天职，就像打仗时炸碉堡一样，在艰难面前，共产党员不上，谁上？共产党员不冲，谁冲？

通过驻队，通过与社员群众近距离接触，通过实践摸索，他终于找到了实现理想的途径，盘旋在脑海里的忧虑和迷惘很快消散，人生的道路在为人民服务的征程中变得越来越宽广。

公社干部驻队这一举措，经过几年的坚持，犹如春风化雨，终见成效。张富清成为攻坚克难的一面旗帜。在他的感召下，他冲到哪儿，后面就有群众紧紧相随。他与公社社员们的感情日渐深厚。经过几年的奋战，一村一队的小型水利得以建成，农田抗旱能力得到提升，一连几年，农业实现了增产增收的目标。

十二、铁匠铺

三胡是一个偏僻落后的乡镇，直到60年代初，别说工厂，就连一家铁匠铺都没有。张富清每到一个生产小队，农民在反映粮食不够吃、生活困难的同时，还抱怨“三小农具”短缺。什么是“三小”？就是镰刀、锄头和铁锹。当然，像砍柴的砍刀、切菜的菜刀等同样缺少。

如何从根本上解决生产工具和生活用具短缺的问题？一个叫杨圣的铁匠的到来，使难题迎刃而解。

现年83岁高龄的铁匠杨圣老人依稀记得，那是“文

老铁匠杨圣师傅讲述与张富清老主任交往的经历

化大革命”的前夕，他与供销社某领导因为工作产生了矛盾，一气之下，决定回到原来工作的湖南省永顺县第二机械厂。供销社的向书记为了挽留他，苦口婆心从晚上一直和他谈到月到中天，他依然铁了心要走人。最后，向书记只得给他讲了当初调动他的来龙去脉，这才令他打消了“打道回府”的念头。

1961年春是张富清到三胡工作的第三个年头（1960年7月，三胡人民公社恢复区制），面对“三小农具”的短缺，作为分管供销社的区领导，他觉得有责任帮农民解决好这一问题。为此，他每次到供销社检查工作，都会询问“三小农具”的采购销售情况，要求供销社安排采购员到邻县加大采购数量。可是“三小农具”短缺的问题一直没能得到有效解决。

这一天，张富清来到供销社主任办公室，继续就“三小农具”问题进行商讨。说来说去，也没商量出一个好办法，最后供销社主任让人把采购员李时旺叫到办公室一起研究。

李时旺是供销社的采购员，常年在外头跑，见识广，脑瓜活，见了公社领导也不胆怯，便直来直去地说：“我们要的镰刀、锄头、铁锹，永顺县也没有多少富余，每次采购，人家对数量有限制。采购量小，群众需求量大，自然满足不了三胡老百姓的需要。”

张富清正了正帽檐说："多想想办法，多动动脑子，多做做工作。你不要趁农忙季节去采购，农闲的时候再去买。"

李时旺说："即使农闲一次性可以购买很多农具，也没法运到三胡来，三胡交通太不方便了，又没直达长途汽车。"

面对实际困难，张富清把自己思谋已久的想法端了出来。他说："你常在湖南永顺县跑采购，认识的人多，能不能请个铁匠师傅来三胡？那样的话，一切问题不就解决了？"

李时旺听了兴奋地一拍大腿说："我倒认识一个人，叫杨圣，是永顺机械二厂的，现在是车间主任，进厂前就是铁匠，手艺好得很，只是不知人家愿不愿意到我们三胡这个穷山沟来。"

张富清不满意地说："你工作都没有做，怎么就知道人家不愿意。"

在一次公社党委会上，张富清正式提出了从外地引进铁匠师傅，建一个铁匠铺的想法。对于他的建议，公社领导一致表示赞同。从目前情况看，只有从外地"挖"个高明的铁匠到三胡，尽快把铁匠铺办起来，才能从根本上解决三胡生产工具和生活用具长期依靠从邻县购买、无法满足社员劳动生产和生活所需的燃眉之急。

时间一晃又过去了半个多月，满山满沟的桃花、杏花都谢了，也不见供销社领导来汇报引进铁匠师傅的事。有一天，张富清处理完手头工作，便直奔供销社，他要与供销社的书记、主任一起加紧推进此事。向书记一见张富清便知他的来意，立即让人把李时旺叫了过来。

李时旺在得到供销社和张富清的指示后，先后几次找了杨圣。他进屋屁股还没落座便说："杨圣师傅本事可是了不得，不仅铁匠活手艺好，而且车铣刨磨钳样样精通，听人讲，他还能修枪、造枪。"

张富清说："你别给我讲他什么修枪、造枪的，我只需要他打铁的手艺好。"

李时旺说："杨师傅打铁的手艺是呱呱叫。"

张富清问："你与他谈得怎么样？"

李时旺说："谈是谈了，但人家有顾虑和想法。我们来凤县虽然与永顺县离得近，可我们毕竟分属两个省。杨圣问我，从永顺到了你们来凤三胡，算不算正式工人？户口怎么办？"

在计划经济时代，当公家人、吃商品粮，是一件非常难的事。想跳出农门，跨进非农业户口的门槛，对于绝大多数农村人来说是比登天还难。已经端上了铁饭碗，成为工人老大哥的杨圣，自然不能轻易丢了铁饭碗，到大山沟里做一个没有单位、没有户口、没有身份的“黑铁匠”。

对于这一点，张富清已经充分考虑到并予以积极解决。在三胡区开完党委会后，张富清利用到县上开会的机会，专门找到县上一位领导，反映了三胡因为没有自己的铁匠铺而导致“三小农具”短缺直接影响生产的问题，提出调进一位铁匠工人的想法。县领导也知道三胡的实际情况，允许特事特办，不仅同意调人，还答应给解决户口。

张富清信心满满地对李时旺说：“我们公社已经为调动杨铁匠给县上打了报告，我也给县领导做了汇报，正式工及户口的事，不是问题。”

按照张富清的要求，供销社的向书记与采购员李时旺又专门跑了一趟永顺。在向书记的解释劝说下，杨圣彻底消除了顾虑，答应到三胡建设铁器加工厂。

1961年初夏，杨圣从永顺第二机械厂来到了大山深处的三胡。供销社在街心专门腾出两间商铺建铁匠铺。在杨圣的指导下，炼铁的炉子很快架了起来。随着风箱呼哧呼哧地拉动，火花四溅，给黑灯瞎火的深山小镇增添了光彩和生机；随着当当的打铁声，寂静的三胡镇从此有了能自给自足的铁匠铺。他们很快生产出了第一把镰刀、第一把锄头、第一把铁锹、第一把菜刀……

从此，三胡的老百姓不再为买不到生产工具而发愁。按照张富清“前门开店、后门办厂”的设想，供销社将两间铁匠铺扩大为四间，还为杨圣招了两个徒弟。铺子大了，人力足了，他们在满足农民购买“三小农具”和生活用具所需的同时，又开始加工镐头、犁杖等工具。

20 世纪 60 年代初期的革勒车镇有一段时间划归三胡公社管辖。在革勒车镇一旁有座二龙山，二龙河水源充沛。为了摆脱二龙河两岸种田靠天收的困境，三胡公社组织财力人力，在二龙山下的二龙河上筑起了一座小石坝。坝修好后，张富清心想，解决农田灌溉固然好，要是再能够有台发电机，利用多余水源发电、打谷磨面，那才是一举三得的好事。于是张富清来到铁匠铺找杨圣，请杨圣想办法。

杨圣说：“我一个打铁的，哪里会有什么办法？”

张富清说：“你之前在县机械厂工作了好几年，还是车间主任，造个水轮发电机应该不成问题。”

杨圣说：“打镰刀、锄头、镐头、菜刀等都难不倒我，水轮机我确实没搞过。”

张富清说：“李时旺说你车铣刨磨钳样样都会，生产水轮发电机我想也能行。”

杨圣说：“关键是水轮发电机我一次也没搞过。”

张富清说：“李时旺还说，你既会修枪还会造枪，搞个水轮发电机还能难着你？”

杨圣说：“修枪、造枪跟生产水轮发电机是两码事儿，一个相对简单，一个复杂得多。”

张富清说：“办法是人想出来的，奇迹也是人创造的。”

杨圣说：“为什么不直接去买？”

张富清两手一摊说：“三胡穷得叮当响，哪来的钱？要是你能把水轮发电机给造出来，革勒车街上的人就能用上电灯，结束祖祖辈辈点煤油灯的历史。有了电，还能带动打米机，老百姓就不用人推牛拉碾米磨面了。”

杨圣见张副主任苦口婆心，说得情真意切，觉得再推辞就不好了，于是表态说：“那行，但我只管生产，花钱的事我可不管。”

张富清见杨圣松了口，说：“公社财政没有钱，生产水轮发电机的钱，我让供销社先垫着，开支的事有专人负责，你就只管把发电机给造出来。”

杨圣带着一个徒弟回到永顺第二机械厂，找到工厂领导讲了要生产一台水轮发电机的想法。厂领导说工厂任务重，师傅们都很忙，工厂只能给他提供加工场所和材料，具体制造工作只能他自己弄。杨圣找人要来图纸，根据二龙山水坝的实际情况重新进行了改进。也就两个多月的时间，杨圣硬是把一个小型的水轮发电机给造了出来。

水轮发电机从工厂运到二龙山后，不少人怀着好奇心，走老远的路赶到发电站看水轮发电机是个什么模样。

二龙山小水坝，是一个建在河道上用石条和水泥筑起来的小石坝。在河岸的南侧，开挖了一条引水渠，水轮发电机就装在水渠上，上游水坝一开闸，强大的推力带动悬在水中的涡轮旋转，电由此而产生。

大山里的革勒车镇从此有了电，小镇上的居民从此用上了电灯，结束了点松油灯、煤油灯的历史。

十三、清苦生活

在三胡老街，邮政所与铁匠铺中间，有两间靠山而建的并行的木板瓦房，那就是张富清一家六口栖居之所。土墙因长年风吹雨淋，墙面风蚀得厉害，墙根明显瘦于墙身；屋顶上因为瓦片稀少，不少地方用油毡修补，遮阳尚可，但一遇雨天，屋内到处漏雨，家里的水桶、脸盆、面盆全部用上了还不够，真是“室

镜框里的老照片默默诉说着
张富清一家所经历的沧桑岁月

外暴雨如注，室内成了水帘洞”。张富清的小儿子张健全说，他们兄弟姐妹最怕的是下雨天，房子漏雨，房后山根渗水，只得在房子中间开一条槽沟排水。每到雨季，屋子潮湿得能踩出水来，时间久了，地上被踩出一个个鸡蛋状的小土包。屋子漏雨倒也罢了，最可怕的是刮大风下大雨，担心土坯房经不住风吹雨淋而倒塌。每遇大雨、暴雨天，他们一家人夜里常常是坐在床上，一有风吹草动就往屋外跑。因为房子太小，父母一张床，他们兄弟俩一张床，两个姊妹一张床，三张床一摆，屋子就没有多少剩余的空间。再搭一个烧火做饭的灶，两间房摆得满满当当。张富清一家人，就是在这样简陋、拥挤的危房里住了整整 15 年。前十年是因为公社住房少，张富清对自身要求严，从来没有找组织提出申请；后五年是因为张富清在“文化大革命”中受到了批斗，没有资格调换好一点的房子。

1961 年，整个国家处于最困难的时期。县委发出号召，为减轻国家负担，各机构须精减人员。当时张富清的妻子孙玉兰在三胡供销社工作。张富清不顾家庭困难，首先拿自己妻子“开刀”，动员妻子辞去公职。孙玉兰很不理解，心有不甘地说：“我又不是不胜任，也没短款出差错，为什么精减我？”

张富清耐心地开导说：“现在国家有困难，党组织有号召，我当副区长，分管财政、供销社，你不带头谁带头？”

孙玉兰说：“我要是辞了工作，这家里的日子更没法过了，一家几口人靠你一个人工资只怕糊不了口！”

张富清说：“苦日子苦着过，在地主家当长工的年月，是吃尽了人间的苦头；在乡公所当苦役，是当牛做马，还常常挨骂挨打……”

孙玉兰插话道：“你那是寄人篱下，能活命就不错了。”

张富清接着说：“在部队打仗那几年，也是饥一顿饱一顿。开赴新疆的路上，有时窝窝头都没的吃，现在的日子可比过去好多了。”

孙玉兰反驳道：“你别总给我讲旧社会，讲你打仗吃的苦，现在是新社会，新社会了还过那样的苦日子，那你革命是为了啥？流血牺牲是为了啥？”

孙玉兰的话让张富清语塞，他只好不由分说地沉声道：“我是共产党员，是基层领导干部，国家眼下遇上了困难，我们要主动替国家着想，主动为党分忧。你不带头辞工作，我开展工作就不硬气。”

在张富清的一再劝说下，孙玉兰只好辞职，从供销社下岗回了家。为了减轻家里负担，她买回了猪崽自己养。他们虽然住在小镇上，但从某种角度讲，过得比农民还苦。因为农民屋前屋后有自留地，好歹可以种苞谷、红薯和萝卜弥补粮食不足，而他们却没有自留地，就是养猪也没有农民养猪的便利条件，农民养猪有的是地方，而他们家养猪连猪圈都没有地方搭。房子就两间，人住都挤。孙玉兰只好白天把猪赶到后山上放养，晚上了再把猪赶回来圈在灶膛后的柴堆里。她家的猪也许是体贴主人的艰难，竟从不在灶膛后拉屎撒尿。后来孙玉兰还在家养兔子，兔子不能放养，就装在用竹子编的竹筐里养。

既然养了猪，就得打猪草。打猪草，首先要学会寻猪草。张富清工作忙没有时间，孙玉兰又体弱多病，还有忙不完的家务琐事，艰难的日子也似乎过得特别漫长。好在建国、建荣和健全一天天在长大，能为家里干一些家务活儿，后来寻猪草的任务基本上落到了他们几个孩子的身上。张建国说他 10 岁左右就跟母亲学会了做缝纫，打下手，学会了割马草卖钱，学会了寻猪草。

谈起寻猪草的往事，他至今记忆犹新。那是一个夏天的午后，年仅 10 岁的建国带着 7 岁的小妹建荣到南山坳里寻猪草。小小年纪的建荣既是哥哥的陪伴，又是哥哥的小帮手。那天，他们运气特别好，在一个山坳里，他们寻了很多刺梗和兔耳朵草，装进箩筐和竹篮，用脚踩实，还余下一堆装不下。此时他们才发现，无论是箩筐还是竹篮，都重得提不动。然而天却渐渐黑了下来，山谷里各种昆虫的鸣叫此起彼伏，猫头鹰“咕咕咕”的叫声最瘆人，让人心生恐惧。建国和建荣胆战心惊怕得要死，建荣更是扯开嗓子放声大哭，仿佛用哭声才能战胜黑暗。不知过了多久，月亮升了老高，母亲寻着哭声才找到他们。

在三胡，主要的农作物是水稻，它们特别招虫，在生长的季节里，基本上隔几天就要打一次农药，农药都是敌敌畏那种高效剧毒的。打了农药的田间地头就不能去寻猪草。建国兄妹又发现，沟渠里捞起的水草猪可以吃，山里的构树叶摘下来剁碎，放在潲水缸里沤一沤，猪也能吃。建国是爬树的高手，为了多弄构树叶，再高的树他也敢爬上去。

有一次，因为镇子附近农田打了农药，建国与建荣只好爬到地势较高的坡上寻猪草，他们惊喜地发现，在一块向阳的坡地上有许多新鲜的辣菜，在阳光下正蓬勃地生长。辣菜采得太多了，篮子根本装不完，他们赶紧回家找来一条布袋，装了满满一布袋才把辣菜装完。孙玉兰看着鲜嫩的辣菜高兴地说，辣菜是好东西，猪能吃，人也能吃。当晚便用开水焯了一些辣菜，炒了一大碗。从此建国知道了辣菜是一道人畜共享的美味。现在日子好了，城里时兴吃野菜，张建国会经常到野外的河堤上沟渠边去溜达，希望找到些辣菜，唤回些儿时的回忆。

说起家里养猪，张建国说："白天猪放在家里没法养，每天上学前，我们兄妹得先将猪赶到后山上。好在我们家房后就是山，早晨把猪赶出去，晚上再赶回来。这样放养，猪倒从来没有丢过。一是那时社会风气好，没人偷猪；二是猪也许感念我们家太困难，不忍心逃跑。"

再后来，三胡组建了缝衣社，孙玉兰就去找张富清在三胡的好朋友、缝衣社的严天明师傅，拜他为师学裁缝。做一件衣服才挣几角钱。那个时候，一家人靠着张富清一个人的工资生活，入不敷出，日子过得捉襟见肘。张健全说，他们家兄弟姐妹四人，衣服都是大的穿了小的穿，能穿上新衣服简直是奢望。因为严重缺乏营养又患有心脏病，孙玉兰经常晕倒却一直得不到及时有效的治疗。对此，张富清是既担心又常常深感内疚。

生活再苦，孙玉兰从来没有叫过一声苦，她从不埋怨张富清，从不抱怨生活清苦，还处处为张富清着想，让他不要操心家里的事情，也不让他为家里的困难找组织。在最艰难的日子里，张富清没有找组织借过一斤粮、一两油、一分钱，就连机关食堂逢年过节熟食供应的福利，他也不让家人去买，认为是占公家的便宜。1961 年张富清一家人的日子也到了经常揭不开锅的地步。如何渡过眼下缺粮难关，张富清与孙玉兰经过反复商量后，决定把年仅四岁的大儿子张建国暂时送回老家洋县双庙村交给二哥张茂茂抚养。他们在信中与二哥提前做好了沟通，张茂茂虽然家里也困难，但还是答应了张富清的请求。临送儿子回老家前，严天明师傅听说后，找到张富清家，对他们夫妇说："孩子太小不说，又没有父母照看，离家的孩子很遭罪。"孩子是父母的心头肉，经严师傅这样一说，他们夫妇也就放弃了将建国送回老家的打算。为了一家大小不挨饿，孙玉兰是绞尽了脑汁，想尽了办法，她用省下来的钱从农民家买粗粮，粗细搭配，才得以勉强度日，挨过缺粮的艰苦岁月。

十四、风　暴

1966 年，"文化大革命"爆发。史无前例的风暴很快席卷全国。偏远的来凤，大山里的三胡，没有因为是边地，没有因为地处大山深处而幸免，同样是火热与疯狂。

先是公社党委书记田文恒被打倒、被批斗，下放到水库工地劳动改造。1969 年初夏的一天清晨，造反派将张富清也抓了起来。他们给张富清安的罪名是“走资本主义道路的当权派”。在批斗张富清的那天，造反派用报纸糊了一个半米高的尖顶帽，戴在张富清头上，上面写着“打倒张富清”五个字，黑字上面用红墨水打了一个“×”，又把一块从三胡小学弄来的黑板挂在张富清胸前，黑板上用粉笔写着“打倒走资本主义道路的当权派张富清”，字写得歪歪扭扭，用老百姓的话说“像鸡爪子扒的一般”。张富清走路向来都是昂首挺胸，可只要那块沉重的黑板挂在他脖子上，他的头便不由得低下，腰也弯了。

每次游街示众时，手举“井冈山造反队”红旗的造反队队员气焰嚣张地走在最前头，田书记离三步左右跟在后头，紧跟后面的是张富清，红卫兵小将跟在他们的后面敲锣打鼓，接下来又是一群胳膊上戴着红袖标的造反队队员。

那个时候，三胡沿山脚建有两条街，一条叫老街，一条叫新街。老街狭窄拥挤，房子多为木板房，两米宽的街道两旁多为商铺，有炸油条的、卖篾筐篾篓子的、卖棺材的、理发的等等，最大的铺子是供销合作社和铁器加工铺。造反派批斗游街，一般是先到老街，因为老街居民多，观看的人多。游完老街，转到新街。新街以公社革委会机关、派出所、学校等为主，房子多为青砖黑瓦。从老街转到新街，一般要举行两场批斗会。第一场在三胡小学操场进行，靠教室山墙设主席台，主席台上摆两张课桌，造反队“司令”和“骨干”坐在主席台上，两个被批斗的“走资派”田书记和张富清站在桌前，操场上站满学生。每次批斗前，造反队“司令”都要大讲一通，说“文化大革命”如何如火如荼，如何轰轰烈烈，如何深入人心。然后是一个戴着眼镜的“副司令”逐一宣读“走资派”的罪行。宣读完毕，台下的造反派和红卫兵小将们便会带头高喊口号，“打倒田文恒”“打倒张富清”……在台下站立的学生中，有一个男生在老师和班干部的监督下，被迫跟着小声呼喊“打倒张富清”的口号。他就是上小学五年级的张建国。那时，张健全还处于懵懂无知的年龄，而张建国就不同了，他心里清楚，批斗父亲是造反派制造的冤案，老师和班干部监督他高喊“打倒张富清”是造反派有意安排的，目的是要通过他们兄弟俩的表现对父亲造成心灵上的打击和精神上的摧毁。他虽然不愿喊，不肯喊，可老师就站在一旁。批斗会前，老师曾经警告他，如果不喊“打倒张富清”的口号就不让他上学；造反派也威胁他，如果不喊就把他也拉到台上陪斗。造反派不仅要他喊，还必须把声音喊得最响亮，让全班同学、全校师生都能听到他的声音。最重要的是要让站在台上挨斗的父亲也能听到。

每次开完批斗会后，张建国的内心就会产生强烈的屈辱感，在同学面前就像矮人一截抬不起头来。每当晚上回家面对父亲时，一种强烈的内疚感油然而生，觉得自己不够勇敢，没有冲上台保护父亲，为父亲伸张正义，所以他不敢面对父亲的目光。最令他困惑不解的是，父亲生于贫苦农民家庭，从小给地主放牛当长工受尽了压迫，为了建设新中国，自愿转业到大山里的来凤，在社会主义建设中兢兢业业为党工作、克己奉公，为了老百姓丰衣足食，与社员群众一起辛勤劳动，生活清贫，一无所有，怎么会在一夜之间就成了“走资本主义道路的当权派”，成了被打倒、被批斗的对象呢？

又是一个身心俱疲的夜晚。泛着清辉的月光从窄小的窗户、从稀疏的瓦缝中照进来，斑斑驳驳地落在屋子里。一家人正准备上床睡觉，张建国心里有话实在憋不住了，对正在关门的父亲说：“他们为什么好坏不分？”

“就是因为他们好坏不分，我才挨斗。”

“你为新中国解放流过血哩！”

“流血算什么，与牺牲的烈士们比，我可是比他们幸运多了。”

“他们是黑白颠倒。”

“你一个小孩子不要瞎说，好好读你的书。”

“你一心为公，一心搞社会主义，怎么会是‘走资本主义道路的当权派’呢？”

“让他们说去吧！又不是党组织给扣的帽子。”

“那也不行，我们要反抗……”张建国话音还未落地，便立即被张富清的高声压住了。因为门外就是大街，俗话说隔墙有耳，张富清害怕有人在门外偷听。于是，他赶紧制止，十分严厉地对张建国说：“你年龄不小了，以后不许瞎说话。没有共产党，就没有新中国；没有人民军队，就没有我的今天。对党我们始终要心存感恩，不许有丝毫的怨恨。”

“他们斗你整你就不对。”

“他们是造反派，也不能代表党组织。你只管把书念好，个人的事别指望我帮你，你们得靠自己的本事吃饭。”

张富清虽然文化程度不高，但他的头脑是敏锐的，深知在“文化大革命”这场风暴中，不能像当年在战场上当突击队员那样与蛮横无理的造反派以硬碰硬，那样只能碰得头破血流。在他看来，像田书记那样上吊自杀，看似刚强，其实是一种懦弱的逃避。张富清采取的方法是隐忍，以软弱对抗造反派的狂热与疯狂，以时间赢得胜利。所以他严厉地对儿子张建国进行了训斥，那是既防引火上身，又防殃及家人。

屋子里一时间安静了下来，孙玉兰见缝插针地对张富清说出了连日来的担心："老张，你可要想得开，田书记上吊自杀后，每次晚上你挨批斗回来晚了，我就害怕，担心你出什么意外。"

原来，田书记被造反派批斗后，又被拉到了水利建设工地劳动改造。白天推车拉土打夯，干最重的活，晚上还要挨批斗。高强度的体力消耗，再加上无情的精神折磨，田书记陷入了深深的绝望之中。几天前，在一个漆黑的深夜，他来到一棵树下，抽了很多根烟，扔了一地烟头，最终把自己吊在了离地面只有一人多高的树枝上，结束了痛苦的生命。这件事当时在三胡反响很大，两支造反队站在各自的立场上进行了武斗，成为当年三胡最为轰动的事件。

张富清压低声音说："在战场上我都没有死，和平年代哪能随随便便地就去死？我听党的，党将来还需要我继续为人民工作哩，我哪能自绝于人民。"

"有你这句话我就放心了，这一家子人可不能没有你，"孙玉兰说罢，又转头对几个孩子叮嘱道，"建国、建荣、健全，你们几个都听着，在外头可千万别给你爸爸添乱惹事。”

从那晚以后，活泼好动的张建国变得寡言少语起来，在学校他从不多说话，放了学就回家，砍柴、挑水、捡废品，该干啥干啥。

张富清被打倒后，停了职务，后来经区革命委员会研究决定，安排他到机关食堂做了一名炊事员，算是惩罚性的劳动改造。张富清面食做得好，诸如手工面、蒸馒头，在以吃米饭为主的三胡堪称一绝。不仅机关工作人员爱吃，连革委会的领导们也爱吃，所以除了定期游街批斗外，张富清在公社机关食堂算是站稳了脚跟。

在那长达四年多的时间里，每天清晨，当东边的天际刚刚泛白的时候，张富清已经起了床，迎着淡淡的晨曦，走在空旷无人的石板街上，嗒嗒嗒的脚步声像说书的快板，清脆地敲打着沉睡的大地，从街的东头传到西头。待他走过之后，临街的铺子相继响起了拉门闩、开门的嘎吱声。

张富清从一条幽暗的小径走到公社机关后门，打开铁锁，进到院内。小院有羽毛球场大，中间长着一棵上了年纪的皂角树，树身有水桶粗，树身下围着一圈青砖。一年四季，只要不是风雨雪天，常有人端着饭碗，坐在那青砖上吃饭，也有人坐在树下抽烟、乘凉、聊天。张富清绕着皂角树走了大半圈转到院子里头，打开厨房的门。屋里一片漆黑，张富清轻车熟路地走到灶台前，从上衣兜里掏出火柴，点亮摆在灶台上的煤油灯，屋子瞬间有了光亮。他先是揭开盖在面盆上的纱布，用鼻子闻闻，用手指头按按，看面团是否发酵，发酵的程度好不好，这事关馒头上锅后蒸得暄腾不暄腾。会做面食，不是因为他是陕西人，而是因为他当长工时经常被地主安排到厨房给师傅打下手，不知不觉中学会了蒸馒头、扯面条的技艺。查看过面团后，他来到灶前，拿起葫芦瓢，把水从缸里舀到两个锅里——一个锅用来蒸馒头，一个锅用来煮稀饭。水上到适当位置，他再转到灶后，点火烧水，为蒸馒头、煮稀饭做准备。接下来就是揉面、做馒头。忙完这一切，天刚刚大亮。此时，锅里的稀饭已经开始浓稠，蒸馒头的蒸笼突突地冒起热气，馒头特有的香味从门窗、瓦缝间向外弥漫，整个三胡街的空气中都飘散着馒头蒸熟后的诱人味道。

早晨不炒菜，只做两个咸菜，一个是大头菜，一个是腌萝卜。

中午吃米饭、炒菜。按分工要求，由另外一个师傅来完成，张富清可以在家休息，可是他照样上班，给人家打下手，洗菜烧火。

晚餐，以中午的剩饭剩菜为主，以下面条为辅。也就是说，爱吃米饭的，就吃剩饭剩菜；不爱吃米饭，又乐意多掏钱的，就吃张富清做的扯面。

忙完晚餐，再为明天的早餐做好准备工作后，外面已经是月光满地了。

如此，一年四季春夏秋冬，张富清围着灶台周而复始地忙碌。每天忙完工作，他便利用一切闲暇时间阅读《毛泽东选集》，用毛泽东思想武装头脑，不断拷问自己的灵魂，对照自己的行为。勤勉的工作、诚恳的自我批评，使他在斗争中顺利过关。其实，对于经历过苦难、经历过战火、经历过生死的张富清而言，他是不惧怕斗争的，他把这场斗争当成了熔炉，他要在这个特殊的熔炉里把自己炼成特殊的钢材，经受住特殊斗争的考验。

那个时候，公社机关干部家属早晚都到食堂买馒头、打咸菜，可张富清的家属从来没有到食堂吃过一顿饭。他们之所以不到食堂买饭菜，一方面是家里经济拮据，另一方面是张富清对他们有要求，不许沾公家的光。

那段日子，革委会还停发了张富清的基本工资，只给发生活费。过去，一家人靠他的工资生活，本来就过得紧紧巴巴，现在停了基本工资，雪上加霜，只有十几块钱的生活费，怎么够一家六口人生活呢！

对于那段岁月，张建国和张健全两兄弟有一个终生难忘的感受，那就是好像从来没有吃饱过，每天就是感到肚子饿。那个时候，粮食供应是定量的，他们每月每个人才25斤粮食，平均每天只有八两多一点，八两多对于正在长身体的青少年来说，一顿就可以吃得干干净净，哪能够一天的量呢！好在他们兄弟姐妹三人聪明勤快，农村的稻子熟了，他们便拎着筐子，到收割后的稻田捡谷穗；秋冬交替，他们扛着铁锹，走老远的路，爬很大的山，找一块农民已经收过的红薯地挖人家刨剩的红薯。张健全说，能不能挖得到，一是凭运气，二是要下得苦，三是要有韧劲，缺少其中一样，也许一下午都刨不到一个红薯。

张建国回忆说，当时家里完全陷入窘境，父亲的那点生活费，仅仅只够用来买供应的米、面、油、盐，节省下来的一点钱，主要用来支付母亲看病和他们的学费。他们穿衣服和买小人书用的零花钱就得靠自己去挣。挣钱的路子也就那么几条，一是捡废品卖钱，只要是废品收购站收的他们都捡，连牛骨头都捡过，再一个是给公路养护站锤石子。那时公路管理部门养护公路需要石子，他们放了寒暑假，不上山砍柴时，就到河里捡一块块鹅卵石挑到公路边的空地上，先用大锤把鹅卵石砸开，然后再用小锤敲成小石粒，堆成一米见方的石头堆，等公路管理部门的人来验收，每一立方 10 元钱。他们还给供销社晒辣椒。一到夏天，供销社要从农民手里收购很多辣椒，农民卖给供销社的辣椒并没有干透，即使干透了，也会受到天气潮湿和贮藏条件差的影响，需要晾晒。所以，只要是有太阳的日子，都要将收进仓库的辣椒搬运出去，反复地晒，不晒就可能发霉。每天早晨太阳一出来，他们就来到供销社，把辣椒装到木板车上，推到院子的水泥地上，摊开翻晒。烈日下，红艳艳的辣椒经太阳炙烤越发鲜艳夺目，老远看去，一片火红。那一个个被晒干了的红辣椒，没了往日的丰盈饱满，被阳光榨干了水分的身体，显得干瘪扭曲。在那疯狂而贫困的年月，张富清一家人的生活一如这晒干了的红辣椒，落魄而艰辛。

十五、一双草鞋

1975 年，在新中国建设的历史进程中，算得上是一个重要的年份。这一年的 1 月 5 日，根据毛泽东的提议，中共中央发出文件，任命邓小平为中共中央军委副主席兼中国人民解放军总参谋长。1月8日至10日，在党的十届二中全会上，邓小平被选举为中央政治局常委、中共中央副主席。1月13日至17日，第四届全国人民代表大会第一次会议在北京召开，大会决定周恩来继续担任国务院总理，选举邓小平、李先念等12人为副总理。周恩来在政府工作报告中，提出了我国国民经济发展的两步走设想。邓小平复出并被委以重任，标志着“文化大革命”进入尾声，一大批被打倒的老干部得以起用或者重用，同样标志着社会主义建设即将进入新的历史拐点，政治风向转变出现了明显端倪，一股浩荡的清明之风很快吹遍神州大地。

位于大山深处的来凤，也同全国各地一样，结束了寒冬，迎来了充满希望的早春。几场春雨过后，酉水河不仅水势更大了，而且颜色更绿了，两岸的柳条被湿润的春风裁出了新叶，桃花、杏花、李花竞相打苞，河滩上和河岸两边的枯草披上了绿色的新装。

这一年的5月，张富清终于恢复了工作，调到卯洞公社（1975年，区又恢复成为人民公社，也就是现在的百福司镇）担任革委会副主任兼管委会副主任，继续分管机关、财贸、供销社和生资部门。

来凤是湖北的边城，卯洞是来凤的边地。它位于来凤县西南，东与湖南龙山县交界，西与重庆酉阳县毗邻，北与大河、绿水、漫水三区接壤，为川、湘、鄂三省之交界处，素有“鸡鸣三省”之称。在过去，卯洞司也叫百福司、百户司。据康熙年间《卯洞司志》载，自唐、宋迄元，世授宣抚使，镇守边地。几百年来承袭土司制度，至清雍正十三年（1735）“改土归流”，废土司制度，设智乐里(漫水司)，后几经更名，1984年定名为百福司镇。百福司镇为土家族的聚居地，是恩施土家族居住最集中的地方。

卯洞虽与三胡同属来凤，同属山区，但其地理位置优越、历史文化悠久、区位经济发达。卯洞公社虽然也建在两山之间，可卯洞的地势相对平坦，从来凤县城一旁绕城而过的酉水河由北向南流向卯洞，怯道河由西向东贯穿半个卯洞镇后，在卯洞码头与酉水河交汇，两条湛蓝的河水多情地汇聚于百福司，万般温柔地绕镇半圈后，再向东直奔千里洞庭湖，加之青山如屏，田园如画，构成了一派别具一格的山水风光。

在交通不便利的年代，卯洞商贸发达，是三省边区人民贸易往来以及土特产的集散地。这里不仅有繁华街市，还有银行和学校；不仅有门类不同的传统作坊，还有造船厂和桐油加工厂。木材放排沿酉水河入

杨胜友（右）与廖大全回忆与张富清在一起工作的往事

清江再进入长江；卯洞船厂生产的木帆船，在卯洞码头装满百福司生产的桐油顺河而下，船与水、水与人、人与山，好一幅和谐美妙的画卷。

“万担桐油下洞庭，百万杉木达九州。”这是卯洞千百年来商业繁荣的真实写照。木船和桐油自然成为卯洞重要的经济来源。

新中国成立后，卯洞公社党政机关没有新建办公场地，而是因地制宜、因陋就简将机关设在一座古老的寺庙里。寺庙分前庭和后院，前庭为公社机关办公场所，后院供机关人员及家属居住，房子均为两层的砖木瓦房。

“文化大革命”的结束，于张富清来说，既是他个人命运的又一次转折，也是他们一家人走向新生活的开端。孙玉兰带着四个孩子跟随丈夫一同来到了卯洞公社，住进了公社机关的后院宿舍楼里。因为住房紧张，单位给他们一家六口人分了两间房。虽说还是两间房子，可面积比三胡的两间房子大，墙不再是土坯，而是青砖，地面也不是潮湿的泥地，而是砖地。虽然没有厨房，但他们住在走廊的尽头，正好可以在墙角的屋檐下用木板隔出一间厨房。因为是楼房（楼上住着当时公社革委会组织委员董香彩一家人），所以他们不再担心下雨时漏雨，不再害怕北风呼啸、大雨滂沱的夜晚。无论是房子的质量，还是生活条件，这里显然比三胡强了许多。

最重要的是，张富清恢复了工作，恢复了工资，一家人开销有了保障，不再为一日三餐而发愁了。

当初的卯洞公社机关、如今的百福司镇委、镇政府早已经从古老的寺院里搬出，办公大楼背靠永灵山，面向西水河和大河堡山，楼高八层，墙体为朱红色，建筑风格类似土家族的吊脚楼，与西水河交相辉映，形成了一幅美丽的画卷。

在工作上与张富清有过短暂接触的廖大全，虽说是汉族人，却祖祖辈辈生活在高洞土家族居住区，仅看面相，倒与土家族人相似，性格上也与土家族人一样，热情好客、快言快语。廖大全在百福司镇党委办公室负责宣传工作，有着近40年的宣传工作经历，在百福司算是一位资深的老同志。

廖大全性格豪爽，他曾经在部队当兵四年，1978年退伍，年底安置进入百福司公社党委办公室工作。他与张富清虽然作为上下级同在卯洞公社机关工作只有半年，相互接触不多，可张富清工作严谨、为人正派、为官清廉、不摆架子、和蔼可亲的形象在他脑海里留下了深刻的印象。他说，张富清是一位和气和善的老领导，对任何人——无论是上级领导、年纪大的老同志，还是下级干事、老百姓——都是一脸笑容，从不板面孔、摆架子，“是一个有功不居的英雄，一个不为做官、一心为民的典范”。

廖大全说：“我虽然与老领导交往不多，但老领导一心为民、无私奉献的牺牲精神却影响了我一辈子。”

杨胜友，卯洞公社人，退休前任百福司镇人大主席，他比张富清小整整21岁。1975年，他与张富清同一年到卯洞公社任职。杨胜友当年是从来凤县革委农业办公室调到卯洞担任公社革委会党办主任的，而张富清是从三胡区调到卯洞的。从工作性质上讲，他们一个是分管公社机关的副主任，一个是公社机关的党办主任，属于上下级关系。密切的工作交往、深厚的同志友谊，在卯洞公社，杨胜友自然成为张富清工作生涯的又一见证人。

如今，年逾古稀的杨胜友，依然精神矍铄、思路清晰，谈起张富清在卯洞工作的往事，他是滔滔不绝。

杨胜友与张富清共事是在1975年到1979年。当时的卯洞公社，下辖11个管理区，37个大队，327个生产队，5万多人口，离县城50多公里，每天只有一辆能坐20多人的班车往返于卯洞与来凤县城之间。

在杨胜友的记忆中，张富清中等身材，国字脸，五官端正，皮肤白净，一双大眼炯炯有神。说话时汉

70 年代末，张富清在卯洞工作时的留影

中口音很重，不注意听的话，很难听懂。张富清穿着简朴整洁，常穿一件深蓝色中山服，头戴鸭舌帽，脚蹬解放鞋，行走有力，面带笑容，见人就打招呼，给人以和蔼可亲的感觉。他虽已从部队转业 20 多年，但依然保持着军人的干练作风。在当时卯洞公社领导班子成员中，张富清资格最老、年龄最大，但他从不倚老卖老。每次开会研究问题，总是积极发言，建言献策，始终保持旺盛的精神状态，从没因一己之私、一己之利发过牢骚。

虽然张富清性格温和为人和善，但也有发脾气的时候。那是 1976 年农忙季节的一天。张富清叫上杨胜友一同到安抚司去检查工作。他担心年轻人不爱下乡，不愿多走路，每次一同下乡前，他都会引导杨胜友说，在公社当干部，不要老是窝在办公室里，腿要勤，要多深入基层，深入到老百姓中间去，这样才能了解实情，想群众所想，急群众所急。

他们吃了早饭就从卯洞出发前往安抚司。那天天阴沉沉的，下着毛毛细雨。张富清披着蓑衣，戴着斗笠，穿着草鞋。他们一路进村入户，到田间地头查看生产情况。农村的路都是泥巴路，而且是曲曲拐拐的羊肠小道，张富清穿的一双旧草鞋经不住泥泞折腾，一根鞋带断了，另一只草鞋脚趾处也穿了帮。走山路，没鞋穿可不行，磨脚不说，关键是脚底打滑不安全。于是杨胜友陪张富清走进了安抚司供销社，售货员抱出几双草鞋放在柜台上让张富清挑选。张富清拿着草鞋一双双仔细查看，发现摆在柜台上的几双草鞋要么没了耳子，要么没了后跟，反正没有一双好鞋。张富清问售货员是怎么回事，售货员支支吾吾好半天才说，草鞋就剩这几双了，都是被老鼠给咬坏的。张富清面露不悦："你把坏了的草鞋还摆在柜台里，还准备卖给乡亲们，难道一点都不愧疚吗？"售货员面对眼前脾气不小的买鞋人，并不当一回事，站在那儿一声不吭，一副不理不睬的样子。平时极少训人的张富清显然生气了，他拉下脸来说："你们把坏草鞋摆在这儿卖，你们还有没有一点良心？"这句话显然触动了售货员的良知，她的脸像被人打了一巴掌，顿时就红了。售货员哪里知道，眼前这个貌似普通农民的人，却是卯洞公社驻安抚司和高洞片区管事的公社领导。对于售货员的沉默，张富清显然很不满意，他对杨胜友说："小杨，你去把他们主任给叫来。"

一会儿，供销社主任来到了门市部。张富清严肃地对主任说："你这个门市部要好好地整顿，要教育服务人员端正思想，把不合格的鞋都要处理掉，要把好鞋卖给老百姓。我今天对这个售货员发火，不是由于我没有买到好鞋穿，而是不愿意看到本来就没有钱的老百姓因买一双坏掉的鞋而花冤枉钱。”

20 世纪 70 年代的农村，农民靠挣工分一年到头分不到几个钱，即便兜里能装几张角票，也都是靠卖鸡蛋一分一毛攒下的，拿钱买双新草鞋，是要下很大决心的，可见群众的生活多么不易。

待供销社主任把情况弄清楚后，张富清立即召开现场会议，对责任人进行了批评教育，同时制定整改措施，确保以后不再发生类似的问题。回忆起当时的情景，杨胜友感慨地说：“像张老这样一心想着老百姓的领导干部真是令人敬佩。”

草鞋一事，当年在安抚司引起了很大的反响。有人认为，为一双草鞋开现场会，是小题大做；有人认为，一双草鞋事小，正如一滴水可见太阳，反映的是售货员的工作态度和良知，折射的是公职人员对人民群众的情感。杨胜友作为草鞋一事的亲历者，打动他的不仅仅是张富清穿草鞋的俭朴生活，更是张富清一心想着人民群众的公仆心。草鞋一事深深触动了杨胜友的心，也影响了他一辈子。日后，凡是涉及老百姓的决断，他衡量的标准只有一条，那就是——是否做到了群众利益第一。

十六、包干高洞

“说实话，包干高洞这样一个偏远落后的边地、一个不通公路的高山边地，是张老自找的。”杨胜友笑着说。

在工作中，张富清从不打个人小算盘，他总是主动挑艰巨的任务，他身上有那么一股军人的“狠”劲，专打硬仗，敢啃硬骨头。对公社党委布置的任务，完成坚决，从不打折扣，从不讲条件。班子成员除了自己分管的工作，还要负责联系一个片区。本来张富清作为分管公社革委会和政府机关，以及财政、供销社和生资部门的公社领导，不用包干片区，但在领导班子研究划分责任区域时，他还是抢先选择了最困难、最偏远的高洞管理区。

在卯洞公社党委班子成员中，当时就数张富清年龄最大。书记、副书记都劝他选一个离卯洞机关较近的片区，那样可以少吃苦、少跑路、少遭罪。张富清知道高洞偏远，还尽是山路，可他并不惧怕走山路、走远路，回想自己当兵时走过的路，他觉得高洞那点路算不了什么。他说：“你们的心意我领了。正因为我年龄大，为党为人民群众干事情的机会越来越少，所以越发应该珍惜党给我的重新工作的机会。我作为老同志，干工作更不能挑肥拣瘦。就高洞了！”书记、副书记知道张富清的脾气，他看准了的事，轻易不会改变，也就同意了他包干高洞片区。

高洞是卯洞下辖的一个管理区，地处湖北与重庆交界处，村寨全部都在四面悬崖的高山顶上，海拔1300多米。从卯洞公社驻地步行12公里到月亮管理区，再走7公里的羊肠小道，才能到达高洞。高洞与重庆酉阳村连村、田连田、山连山。那里不通电、路难行，办事靠走、喊人靠吼，在卯洞公社属于一个自然条件十分恶劣、山高路远人少的偏僻山寨。

但高洞也有它自己独特的优势，它是当时卯洞公社烟叶的主产区，常年种植麻烟2000多亩，是公社重要的税收来源之一。除烤烟外，每年还向国家上交10多万斤余粮。虽说既产烟叶又产粮食，但地理位置偏僻，交通落后，生产资料、种子、农药、化肥和群众生活日用品全靠人肩挑背驮到山寨，成为制约高洞发展的重要因素，是高洞贫穷落后的症结所在。

张富清蹲点高洞，可不是挂个号，做个样子，挣个名声，他真的是扑下身子，甩开膀子，在搞好分管工作的基础上，把自己的时间和精力全部投入到了高洞的粮食生产和烟叶生产中。

杨胜友深情地回忆说："张老常对我讲，我们干工作应该向解放军学习。在战争年代，革命军人只有不怕死，才能英勇杀敌；做群众工作，干部首先要自己过得硬，不怕苦，才能赢得群众的支持和信任。"张富清一口陕西话，与群众沟通不畅，无形中增大了工作的难度。尤其像高洞这样土家族、苗族集中居住的偏僻地区，社员对党的政策不了解，对上面派来工作的同志到底是个什么情况也不清楚。张富清初到高洞时，群众对他一点都不热情，不愿意接近他，也没有人主动喊他到家里去住。对此，张富清没有灰心，而是迎难而上，他知道这种情况只是暂时的，语言有障碍可以用行动来弥补，时间长了就能赢得群众的理解。群众白天忙生产，张富清与他们一起下地劳动；晚上收工回家吃饭，他就主动到理解他的社员家里去吃饭。通过与群众同吃同住同劳动，与群众打成一片，尽心尽力帮助他们解决实际困难，使群众体会到工作队的同志来这里不是为做做样子，而是为了帮助他们。于是彼此心中的隔阂也就烟消云散了，高洞的群众对工作队也就由当初的不欢迎变成欢迎，由没有感情培养出有感情，由有感情发展到感情深，由感情深直至结下鱼水之情。有了这样的群众基础，他所倡导的一切工作都得到了拥护支持，一切困难都在干群同心中迎刃而解。

“高洞老百姓之所以最后能接纳、喜欢、认可，甚至是怀念他，就在于他有颗不求功名的为人民服务的赤诚心，就在于他不畏艰险为高洞人民修的那条致富路。”杨胜友深有感触地说。

凡是在卯洞工作过的人都知道到高洞的路最难走。从卯洞到月亮管理区 12 公里，从月亮管理区到高洞 7 公里，翻山越岭不说，还要蹚过几条河，是真正的跋山涉水。一般早晨七点钟从卯洞出发，要走到下午一两点多才能到达高洞。几十里的山路走下来，人往往累得筋疲力尽。

那里的所谓“路”是高洞的先祖一年复一年顺着山势踩出来的一条曲曲弯弯的羊肠小道。从月亮到高洞是上山路，即使是空手也要爬一个上午，如果再挑着担子，那就全凭个人的体力、脚力了。

张富清在一次次走过从月亮到高洞那段崎岖陡峭的山路后，深感高洞老百姓进出大山的艰难，深感高洞人贫困的根源主要就是道路不通、偏僻闭塞，深感作为一个包片领导有责任向公社党委反映高洞人的实际困难，有责任给高洞人民修一条进出方便的致富路。不久后发生的一个偶然的悲惨事故，更加坚定了张富清修路的决心。

那是 1976 年的夏天，高洞遭遇了十年未遇的干旱。

高洞山上没了水，一位姓廖的老人拉牛到山下的月亮村去饮水。没想到走到鸡爪山悬崖边时，牛尾巴不偏不斜正甩到了马蜂窝上，马蜂群起而攻，叮得水牛受惊，蹦跳中坠入悬崖，那位老人也一同被带了下去。张富清听说后，为廖老汉的不幸罹难而流了泪。他暗暗下定决心，一定要找公社彭书记说一说，为高洞人民修一条路。

那是秋天了，秋收已经进入尾季，他趁彭书记不忙的时候走进了彭书记的办公室。彭书记正在翻阅文件，他往椅子上一坐便开门见山地对彭书记说："高洞人上山下山太不容易了。"

彭书记抬起头看着不善言辞的张富清，没有吭声。

张富清继续说："高洞产烟叶，挑一担背一篓烟叶下山太难了。"

彭书记听后只是抿了抿嘴唇，依然没接话。张富清盯着彭书记黑红的脸膛说："给高洞人修一条路吧，不然他们一辈辈人都会穷下去。"

张富清说明想法后，彭书记接过话说："在高洞修路，可是比登天还难。"

张富清咬咬牙说："再难也难不过修青藏公路。"

彭书记说："那是为了西藏建设，为了藏族同胞过上幸福的生活。"

张富清一字一句地说："为了高洞的老百姓，再难我们也得克服，修吧！"

彭书记将一根抽完了的烟按进烟灰缸，又点燃一根烟吸了一口说："那是在悬崖上修天路，比虎口夺食还危险。"

张富清想也没想就说："我就不信比解放军炸敌人的碉堡还危险。你下决心，我来组织。"

彭书记知道张富清的性格，一家六口人靠他一人的工资生活，老婆又常常生病住院，大女儿小时候患脑膜炎留下后遗症，无论家里多么困难，他从不向领导诉苦，从不向组织伸手要救济。可是只要老百姓有了难处，他就会想方设法去解决。

彭书记将烟头狠劲地在烟灰缸里拧了又拧，然后果断地说："你拿个方案吧，下周公社党委开会时你提出来，大家讨论讨论。"

党委会上，每个人都对张富清的提议表示了赞同。他们都知道张富清是一个没有名利心的人，为老百姓做了那么多事，他从不在领导面前邀功，从不在同事面前标榜，从不在群众面前炫耀。他把名利看得很淡很淡，如果他想当官、想往上爬，一定会琢磨如何出政绩，利用自己分管机关、财政和供销社等各种便利条件，谋得自己想要的职位，也不至于担任副主任十几年了还原地踏步。

十七、连心路

1977年，国民经济得到较快的恢复。秋后，经过前期的充分准备，卯洞公社党委吹响了攻坚克难的号角，集中力量打响了修通高洞公路的大会战。

为了便于开展工作，张富清天天吃住在管理区和生产队里，与群众并肩战斗在工地。那时没有专业包工队，没有挖掘机，没有矿石机，没有碎石机，完全靠义务投工、人工作业的土办法修公路。由于地势险要，百分之八十的路要靠开山炸石开路，其中最难的一段路处于鸡爪山的悬崖峭壁中，必须从绝壁上凿出一条路来。

按照先前的安排，高洞民兵连专门挑选了六个胆子大的民兵骨干组成突击小组。一个姓侯的扁脸小伙与一个姓代的圆脸小伙为第一组，他们先在崖壁上打出炮眼，放响第一炮，凿出立足之地后，其余两组跟进，分别朝东、西两头凿进。

当天早晨，一连阴了几天的天空终于放晴，金灿灿的阳光洒满了整个山寨。人们都说，老天开眼，如此好的天气是开山放炮的好日子。突击小组的六名成员携带炸药、雷管、钢钎、铁锤、绳子等工具，从后山翻到了鸡爪山山顶的一棵大松树下。这棵松树有近百年的树龄了，树身粗壮，需两个成年人才能合抱，树顶如华盖。它之所以存活如此长久，就在于它长在鸡爪崖的山顶上。从松树下再往前走十步就是悬崖峭壁，面对让人眼晕的万丈深渊，六名队员无不心生畏惧，一个个打起了退堂鼓。小侯与小代也不由得几乎忘记了第一个下崖、第一个在绝壁上打炮眼、第一个填充炸药、第一个点火放炮的承诺，坐在树下相互打起了嘴仗。

张富清对在鸡爪山崖壁上放响第一炮的困难早就有所预料，当天清晨，突击小组从后山出发前，他还专门做了动员并提了要求。送走突击小组，与高洞管理区领导商量安排完当天的工作后，张富清便踩着突击小组的脚步来到了崖边。果不其然，六名队员正相互推诿。

面对年轻人的畏难情绪，张富清没有表示不满，更没有训斥，而是对他们流露出来的胆怯和担心给予了深深的理解。当年自己第一次当突击队员炸碉堡时，心里也害怕过，手也颤抖过，腿也发软过，但有了第一次炸碉堡的经历后，就不再恐惧，碉堡炸得越多，胆子越大，经验越丰富。

小伙子们看着身穿一身破旧蓝色中山服、头戴鸭舌帽、脚穿解放鞋的张富清，一个个不好意思地埋下了头。张富清心想，与其动员别人干，还不如自己先示范。于是，他微笑着对小侯说："小侯，把你腰上的绳子解下来，我下去。"

小侯熟悉张富清，知道他的年龄与自己的父亲一样大，更知道这条高洞公路是他提议修建的，为修这条路张主任费了不少心思，从项目论证到现场测绘，从施工组织到人员调配，他是全程参与。眼下，开山炸石，遇到了险难，他不顾年岁大，要亲自出马。小侯一时不好意思地愣在了那儿，想说点什么，却又不知如何开口。

刚才还吵吵嚷嚷像聒噪的蝉一样的小伙子们也都不再吭声，现场一下安静了下来。小代站起来不无担忧地说："这么陡的崖壁，下去绳子磨断了怎么办？爬不上来怎么办？摔死了怎么办？"

张富清一听说"摔死了怎么办"，心头似猛地被人用锤子狠敲了一下，随着"咯噔"一声，脑海里不禁浮现出壶梯山炸碉堡的情景。

当时天已放亮，冲锋的号角已经吹响，突击队员在连长的指挥下，一连炸毁了挡在路上的几个碉堡，不承想在部队最后发起总攻冲锋，快要接近壶梯山山顶时，敌人一个暗堡的伪装砖头被推开，射击孔露出黑洞洞的枪口，紧接着嗒嗒嗒的机枪扫射声响了起来，密集的子弹如雨点般落下，冲在最前头的官兵顿时倒下了一大片。李文才连长显然急了眼，高声吼道：“张富清，带着你的突击队把他妈的端掉！”张富清向后一挥手，六名突击队员跟随着他迂回着朝暗堡冲去。在距离敌人暗堡100多米的时候，他们卧在了一个土坎下。他命令第一组出击，三名突击队员像离弦的箭，快速接近暗堡。不幸的是冲在最前面的两个人瞬间被敌人的子弹击中倒地，剩下的一个战士将捆在一起的手榴弹塞进了射击孔，却被敌人推了出来。手榴弹没有炸毁敌人的碉堡，却把那名战士炸得血肉横飞。顿时，眼前的天空一片猩红血雨，张富清的脸上溅了不少血点，他甚至感受到了那血的温度。此情此景，让张富清五内俱焚，报仇雪恨的愤怒趋使他冲了上去。他贴着地面爬行，子弹从头顶嗖嗖嗖地飞过。在接近敌人的暗堡时，他才弯腰站了起来，沉着地拉响手榴弹后，他没有立即将手榴弹从射击孔投进去，而是稍稍停了一两秒，然后迅速塞进射击孔，随后一个鹞子翻滚跳开。拉响的手榴弹因为已经在他手里停留了一两秒，所以敌人根本来不及用手去推，捆在一起的六颗手榴弹顿时爆炸，随着一声巨响，暗堡被揭了顶。

他卧倒的壕沟离暗堡太近了，强烈的冲击震得他全身像散了架一般。当他满身泥土、摇摇晃晃站起来时，我军的队伍正潮水般冲向山顶。刚才被他炸毁的暗堡，是敌人在通往壶梯山山峰途中修建的最后一个暗堡，炸掉了它也就清除了通向胜利的最后一个障碍。正因这最后一个碉堡被清除，壶梯山战斗才得以取得最后的胜利。他也因此荣立师一等功。

回想起那惨烈的一幕，他咬咬牙，对面前的小伙子们说："你们看我的，我先下去。"

这一年张富清 53 岁，他的身体虽然不如当年在战场上那般敏捷壮实，可是他的气魄依然保持着当年在战场上当突击队员时那种不服输、不怕死的狠劲，面对眼前的危险，他勇敢地冲了上去。他再一次不容商量地命令小侯说："你把绳子解下来给我。"

小侯一时愣在了那儿，发蒙似的看着张主任伸过来的手和坚定的目光，只好解下系在腰间的比大拇指还要粗的绳子，交到了张富清的手中。张富清对小代说："我看你平常胆子蛮大的。我先下，你跟上。打炮眼必须两个人，一个握钢钎，一个抡铁锤，没人合作不行，你和我一组。"

乌鸦嘎嘎地从崖前飞过，一朵朵洁白的云彩仿佛悬挂在鸡爪山的山顶上。悬崖下站满了围观施工的人。

张富清泰然自若地走到悬崖边，其余几个小伙子坐在地上，脚蹬石头，手里紧紧抓住系在他腰上的绳子。他对几个放绳的小伙说，不要紧张，一点一点慢慢放。说完他双手扒住崖壁，转身下去。这次他腰里别的不是手榴弹而是一把锤子，不是去炸碉堡而是来炸崖壁修路。他双脚撑在崖壁上，双手抓牢绳子，随着绳子的延伸，他一荡一晃地像壁虎一样下到了半山腰，找一条石缝，用手扒牢，寻一块凸出的石壁站稳脚，待小代下来，两人就开始在绝壁中打炮眼。随着铁锤敲打钢钎的响声，随着钢钎撞击岩石的火花飞溅，钢钎一点一点地打进山体，第一个炮眼打完了。接下来，第二个、第三个……然后是装填炸药，放置雷管，用半干半湿的土堵实炮眼。点导火索是开山炸石的最后一关，小代害怕地摇着头。张富清说，那第一炮我来点火示范，你先上去。张富清点燃导火索后，吹响了口哨，上面用力拉，他双脚用力蹬岩缝，双手抓绳向上攀登。三根导火索刺刺作响，吐出的烟雾笼罩了整个山崖，笼罩了像蜘蛛侠一样向上攀爬的张富清。

随着轰轰轰三声巨响，一时之间地动山摇、碎石飞溅。随着一阵烟雾散去，崖壁上留下了比雨伞小不了多少的凹洞。

小伙子们欢呼雀跃，齐声夸赞张主任了不得！他们不知道，此时张富清的耳朵里正在轰鸣。这是他在壶梯山战斗中炸毁最后一个碉堡时因离得太近而留下的耳鸣后遗症。

小代一脸敬佩地问张富清是不是当过工程兵，为什么胆子那么大,一点也不害怕危险,不怕掉到山崖下。张富清笑着没有接话。他从来不给人讲自己当兵的经历，不讲自己的光荣历史，更不讲那些被自己封存了的战功。好一会儿，他才对小伙子们说："这下你们敢下了吧！"

小侯显然受到了深深的触动，他慷慨激昂地说："有您做示范，现在我们不怕了！"张富清微笑着给围在身边的小伙子们讲了下山攀壁的动作，讲了抡锤打炮眼的要领，讲了导火索留多长、离多远再点火的规则和经验。待小伙子们都听明白了，他像指挥打仗一样，右手一挥说："那就看你们的了。"

最险最难的鸡爪山，每天随着铁锤锤打钢钎的撞击，随着钢钎打出一个个炮眼，随着轰隆隆一声声炮响，随着岩石一块块被炸飞，绝壁中的天堑一天天有了路的模样。

开山炸石凿路，需要胆量，需要人力，更需要炸药。七公里的山路，上面按工程量下拨了相应的炸药和雷管。但预算毕竟是纸面作业，他们哪里会想到，从月

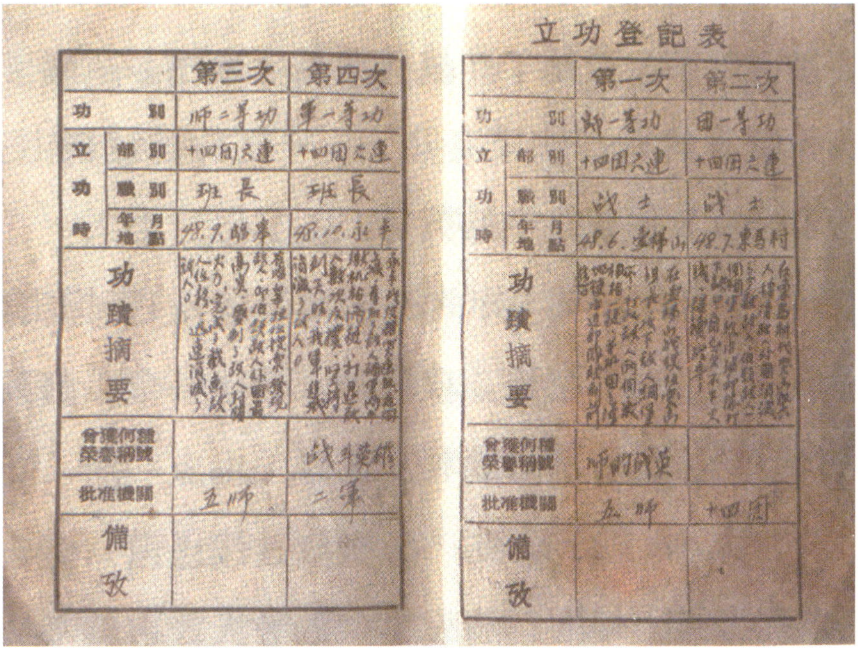

立功登記表

		第一次	第二次
功別		师一等功	团一等功
立功時	部別	十四团六連	十四团六連
	職別	战士	战士
	年月地點	48.6.壶梯山	48.7.東馬村
功績摘要		[illegible]	[illegible]
曾獲何種榮譽稱號		[illegible]	
批准機關		五师	十四团
備致			

		第三次	第四次
功別		师二等功	軍一等功
立功時	部別	十四团六連	十四团六連
	職別	班長	班長
	年月地點	48.9.临晋	48.10.永丰
功績摘要		[illegible]	[illegible]
曾獲何種榮譽稱號			战斗英雄
批准機關		五师	二軍
備致			

张富清的立功登记表

亮管理区到高洞，十多里的路程，并没有多少土方工程，几乎都要开山炸石。如此一来，炸药消耗量极大，工程才进行到一半，炸药已所剩不多。找县上申请，回复说，进入冬季各公社都在大搞农田水利基本建设，根本没有多余的炸药可以调剂，问张富清他们能不能等到明年秋冬再施工。当时弓已拉满，箭已射出，两千多名民工已经分段进入施工现场，开山修路刚刚进行了一半。古语讲，气可鼓不可泄。民工们干劲正足，只有一鼓作气，才能达到事半功倍的效果。张富清对彭书记说："工程不能停，没有炸药我们可以自己想办法。"张富清从烟花厂请来师傅，用硝酸铵与锯末合成制作炸药。其间，他亲临现场，对工艺流程和明火管控严格把关，最终土炸药研制成功。他科学调配，把上级下拨的TNT炸药集中用到鸡爪山之类的崖壁开凿上，以确保安全，确保开山进度；而自制的土炸药用来炸开挡路石和相对平缓的小山包。

在1978年早春的一个傍晚，经过五个多月的艰苦奋战，从鸡爪山崖壁中开凿的公路终于打通，与两头新修的公路成功连接。晚霞的映照下，这条路像一道美丽的彩虹盘绕在鸡爪山的山腰间。

那是热火朝天的岁月，那是让高洞人永远铭记的日子。张富清和几千名社员一同奋战了160多个日日夜夜。他既是指挥员，又是战斗员，与年轻人一起抡大锤，打炮眼，开山放炮，在崖壁上硬生生地凿出一条路来，圆了高洞山寨两千多土家族苗族儿女通公路的世代梦想，结束了送公粮、卖烤烟、买肥料只能靠肩挑背驮的历史。

春风骀荡。当高洞山顶上的桃花、杏花、梨花以及满山的野花一齐盛开时，当突突突冒着黑烟的东方红拖拉机装着老百姓需要的化肥、种子、生活用品爬到高洞山顶，再将稻谷、烤烟等土特产装上车运下山时，全村男女老少围着拖拉机跳起了土家族、苗族欢快的舞蹈，男人们痛饮起他们最爱的苞谷烧酒，他们像过节一样庆祝高洞公路竣工通车。

张富清包干高洞的那几年，是很长一段时期内高洞发展的鼎盛阶段，最高时烟叶种植面积达到了 2000 余亩，产量达到 30 多万斤，其生产经营为公社带来可观的效益。

最关键的是山路通了，老百姓进山出山方便省力了，农产品可以换成零花钱了，家家户户的日子是芝麻开花节节高了。

高洞的路修通了，张富清心里的一块石头落了地。他常常坐在拐枣树下，望着鸡爪山上的那棵高大挺拔的松树，回想起崖壁上开山炸石凿路的情景，连他自己都解释不清楚，50 多岁的人了，为什么还有那么一腔热情一股冲劲。其实在此之前，他并没有爬过崖壁，也没有在悬崖上打过炮眼。那天也是神奇了，他顺利地下到了半山腰，顺利地放响了头三炮。正是在自己的带头示范下，小伙子们才不再惧怕绳子断了摔进山谷里，不再顾忌点燃导火索后把自己炸飞，崖壁上凿路才得以顺利推进，鸡爪山上修出“天路”不再是梦想。

如今，这条“天路”就在眼前，它在缭绕的云雾中时隐时现，眼前的一切，真真切切，让人浮想联翩。高洞常常云雾缭绕，像人间仙境。当动听的山歌从云雾中飘荡而出，当拖拉机的马达声穿山而过时，张富清的脸上满是陶醉的笑容。

高洞的天空辽阔而深远，初升的阳光将山村点缀得更加美丽，袅袅升起的炊烟与天空飘浮的白云缠绵到了一起，百鸟齐鸣与男女对唱的山歌声交织在了一起，云雾中的“天路”像一根彩带把党和社员群众的心紧紧连在了一起，是一条名副其实的“连心路”。

高洞的山顶上，虽然地势相对平缓，但还是沟壑纵横。依山而建的农家，掩映在万花丛中。清晨的山谷里，伴随着狗吠、牛哞，传来了家家户户的女主人吆喝自家男人回家吃早饭的呼唤声。坐在拐枣树下的张富清，也听到了房东戴芳兵叫他吃饭的声音，那声音是亲切的，听着就觉得心里舒坦和温暖。为老百姓造福的成就感与高洞乡亲的认可，让他觉得一切付出都是值得的。

十八、见 证

张富清的几个孩子有一个共同的感受，那就是从小到大并不经常见到父亲，只是常听母亲念叨："你们的爸爸是个大忙人，是个老实人。"

张建国、张健全兄弟最能体会母亲这句话。父亲整天忙工作、忙驻队，家里的一切琐事，全由母亲料理。想见父亲了，兄弟两人便借着定期给父亲捎去母亲做的吃的以及日常衣物的机会，结伴或轮流跋山涉水到父亲包干的驻队点去看望父亲。直到张建国高中毕业下乡插队后，这件寻常而又重要的"任务"才完全落在张健全一人身上。

1977 年的隆冬，月亮至高洞的公路修建正如火如荼地进入攻坚克难的关键阶段。屈指一数，张富清在高洞又一连待了半个多月了，哪怕是身上的衣服已经又脏又破，他也没有挤出时间回家一趟。此时张建国已经离家住校，孙玉兰就让张健全去高洞为父亲送换洗的衣服。

在此之前，张健全并没有去过高洞，只听父亲说过，高洞是卯洞最偏远的一个管理区，从卯洞到高洞，要过好几条河，爬好几座山，山路陡峭难行，让家人轻易不要去找他。父亲的话，张健全听过后，并没有往心里去，觉得与在三胡时走的路应该没有什么区别。

张健全至今还清晰地记得，前往高洞那天，天气阴沉，空气潮湿而寒冷。那天，天刚麻麻亮，他就被母亲叫了起来，吃了早饭，便背上母亲为父亲准备好的干净衣服，独自一人上路了。张健全兴致勃勃地走出镇子，踏上了前往高洞的路。

他没有想到这条路竟那么远，爬过一座座山，蹚过一条条河，走了四个多小时，中午才走到月亮管理区。在月亮管理区的小溪边，张健全从包里取出母亲给他煎的米面粑粑，填饱了肚子，补充了能量，再继续往前走。走不多远，就到了新修的盘山公路，不过路面只修了一半，民工正在用钢钎和锤子往里拓展另一半。一路上红旗招展，钢钎撞击石头发出的声音响彻整个山谷；修路的工地上，人山人海，“嗨嗨”的抡锤声此起彼伏。张健全头一回见到这种热火朝天的场面，心里好不激动，他一边往前走，一边打听父亲在哪儿。每问一个人，他们都是用手往前一指，他一路寻一路问，最后问到鸡爪山崖下。半山腰上凿出来的路，还没完工，人必须弯着腰走。没走多远，路就断了。他向一个正在抡锤的满脸大汗的中年民工打听：“大叔，你知道张富清在哪儿吗？”

民工很认真地看了看张健全说：“你找他做什么？你是他什么人？为什么跑到工地来找他？”张健全听了心里想，这个人真爱管闲事，一连问了好几个为什么。他心里虽有不满，但还是如实回答了。那人一听是张富清的儿子，用手往上一指，说：“张主任在崖顶上哩，要上去，还得走好远的路，绕到崖后边，你才上得去。”

张健全看一眼天色，太阳已经挂到了西山顶上，自己也没了爬山的力气，与其上山崖费时费力去找，还不如找一个僻静安全的地方等待。

夜幕渐渐降临，响亮的收工哨子声在山谷响起。张健全在那名抡大锤的中年民工指引下，在一个陡峭拐弯处的一棵拐枣树下停了下来。民工说，这儿是上到高洞的必经路口，你就在这儿等吧。而拐枣树下，正是山谷的沟口，阴冷的风飕飕地从沟底直往上蹿，一会儿就冻得他全身发冷。

暮色四合。天黑透前，随着一串排炮响起，一阵乱石飞滚，一股浓烟飞向空中，热闹了一天的群山终于安静下来。

山崖边，一群民工借着晚霞最后一丝黯淡的光亮，摸索着从山顶走了下来。因为天色昏暗，张富清又穿了一身脏得失去了本来颜色的蓝布衣，加之压根儿没有想到幺儿会来看他，所以当父子俩擦肩而过的时候，竟然谁也没有认出谁来。等最后一个民工从张健全身边经过时，张健全终于忍不住，担心害怕地问道："我爸爸下来了吗？"

"你爸爸是谁？"

"张富清呀！"

民工呵呵一笑说："你到底是不是他儿子？刚才走在最前面的一个就是，你没认出来？"

张健全不好意思地说："天这么黑，还都戴着藤条帽，哪里看得清。"

那个热心的民工赶忙扯开嗓子对着前面高喊："张主任，你儿子在这儿，来看你来了。"

由于连日抡锤放炮，张富清本就不太好的听力更是直线下降，他根本就没听见后面有人在叫他，还是跟在他身后的一个人扯了扯他的衣服，他才停下脚步。

父子俩面对面地站着，张富清用手摸着张健全的头问："你来做什么？谁让你来的？"

张健全说："妈说你快一个月没回家了，让我给你送换洗的衣服。"

张富清说："你妈妈身体还好吗？你大姐的病犯没犯？"

张健全说："妈都晕倒过几次了，过去晕倒了还到卫生院打针，现在针也不打了，就冲一点红糖水喝，说你不在家，到医院打针家里没人不行。大姐的病时好时坏。"

"你妈受苦了。"张富清说完叹了一口气，不再言语。父子两人默默地又走了20多分钟才到达山顶上的高洞。

在一个农户家，借助昏暗的煤油灯，张健全才看清多日未见的父亲。父亲的脸越发地消瘦了，颧骨也露了出来；一身蓝布衣服沾满了泥灰，已看不清本来的颜色；脚上的解放鞋被汗水浸泡，边沿处泛起一层白碱。房东把饭菜端上桌，一碗咸菜萝卜丝，一盆子玉米粥，几个米面粑粑。张富清上桌吃饭前对房东戴会计说："戴会计，我儿子健全看我来了，他晚上吃的，我多加一人的钱。"

戴会计忙说："张主任，你见外了，你来给我们修公路，我就不应该收你的钱，你硬要给，我们也没办法。今晚你儿子来看你，吃顿饭，你再给钱，那是打我们高洞人的脸哩！"

张富清说："你们日子都不好过，我可不能占你家的便宜。”

这一晚，他们父子各自喝了两碗玉米粥，吃了两个米面粑粑。

吃完饭，张富清到厨房的锅里打了两盆烧热的水，再兑上凉水，简单洗了脸洗了脚，便上床睡觉了。

在张健全的想象中，父亲住的一定是比较好的木板房。他没有想到父亲会睡在牛圈上方的木板上（吊脚楼），木板上仅垫了一层薄薄的稻草，最可怕的是有无数跳蚤和臭虫。

张健全爬上楼梯，弯着腰上到楼板上，摸着黑钻进了父亲的被子里与父亲打对脚睡。面对如此简陋的条件，他很不理解地问父亲：“你给他们修路，他们就让你睡这地方？”

张富清小声地说：“有楼板睡就不错了，你还挑剔。为高洞的老百姓修路，是为了改善老百姓的生活，不是用来得好摆功的……”

话音刚落，张健全的耳边传来了父亲沉重的鼾声。

张健全走了一天的路，身子也困乏，眼皮直打架，可他被跳蚤和臭虫咬得睡不着。他怎么都想不通，身为领导干部的父亲到底为什么要自讨苦吃，他很想问问父亲究竟是怎样想的，为什么甘愿这样做。

高山上的鸟儿似乎起得早，天还没亮，就叽叽喳喳地叫了起来。张健全迷迷糊糊地用脚在被子里蹬了几下，发现父亲不见了。他赶忙起床穿衣。他倒要看一看，父亲这么早起床做什么？

头上的屋顶坡度很陡，椽子、望板和瓦片离楼板也就一米多高，他只能坐着穿衣，弯着身子爬到楼板边上。木梯又窄又陡，磨得油光发亮。从楼梯下到地上，走出屋，他看见父亲正在屋檐的台阶下洗脸。

早饭是菜饭，菜是米面蒸南瓜。吃罢早饭，天才大亮。张富清说他要到管理区安排今天的工作，让张健全早点下山，并叮嘱他在家里要听话，多帮妈妈做家务。临别时，张富清又再三交代他，回家后不要给妈妈多讲什么，就说爸爸在山上吃得好、睡得好。

听了父亲的话，张健全的眼泪夺眶而出。

高洞的清晨，一切都是清新的。农家院前的菜地，屋后的树林，屋旁梯田里的小麦，无不披上了一层银粉一般的白霜，在金色朝霞的映照下，发出耀眼夺目的光彩。布谷鸟和喜鹊站在树梢上，比着劲儿发出悦耳动听的歌唱。

上山时，张健全背的是母亲给父亲浆洗得干干净净的衣服；下山时，他背的是父亲换下来的满是跳蚤和臭虫的脏衣服。就在张健全一边往回走一边观看山寨的风景时，张富清气喘吁吁地从后头追了上来，提醒他下山回到家后，别把跳蚤带进家，自己先洗澡，再烧上一锅开水，把脏衣服好好烫一烫。

这一次上山，张健全终于弄清了一个藏在心底里好久的疑问：为什么自打记事起很少见到父亲？为什么父亲那么忙？原来父亲一直在为老百姓的事忙碌。他知道那些事是干不完的，修了水坝，修水渠，修了高洞的公路，还有月亮山的公路……

张健全回到家终究没能忍住，把在高洞看到的一切一五一十告诉了母亲。张健全边流泪边讲述，当他看到母亲也泪流满面时，担心母亲身体承受不住，才赶忙转移了话题。

十九、蓝色卡其布裤子

1977 年，于国家来说，是结束十年内乱、拨乱反正的开始，也是恢复中断近十年高考的新起点。这一年，张富清同样迎来了事业与家庭双重兴旺的春天。

这事还得从两年前说起。

1975 年的盛夏，张建国从卯洞高中毕业。那时还没有恢复高考，上大学采取的是推荐方式，继续升学对于很多人来说简直是痴心妄想。对张建国来说同样如此，高中毕业暂时成为他学业的终结。好在卯洞有一家企业愿意招收他进厂当工人，但是人家有一个前提条件，就是必须经他父亲张富清点头同意。张建国心里想，这样的好事，父亲高兴还来不及呢，哪里会不同意？于是他满心欢喜地给父亲讲了进工厂当工人的想法，以及工厂领导提出的要求。

张富清自转业到地方工作，从来没有为自己的工作岗位、为自己的提拔晋升找过领导，甚至连小小的暗示都没有。1961 年他响应党的号召，带头让自己的妻子下岗回了家，致使妻子孙玉兰半辈子无正式工作，只能靠做裁缝和打零工谋生。在儿女成长的问题上，他常说的就是一句话："你们别指望依靠我，你们要靠你们自己读书奋斗。"

张富清看着两眼充满期待的大儿子，问道："他们愿意招你进工厂，为什么还要我发话？"

张建国想了想说："你是我父亲呀！再说了你还是公社的副主任呀！"

张富清用手拍了拍儿子的肩膀说："这不就明白了，人家凭什么同意你进工厂，还不是看我是公社的领导。"

张建国太想进工厂了，他急切地说："那有什么呢？又不是进供销社、生资部门，怕人眼红，进工厂是干苦力活。"

张富清说："让我看，你还是响应党的号召，下乡去。"

张建国不乐意地说："卯洞不就是乡下吗？我还下到哪儿去呢？"

张富清说："卯洞是一个繁华的集镇，你不知道卯洞下面的生产大队有多偏远，你不知道还有多少社员群众生活得多么困难，你应该下乡去，多了解、多体验老百姓的疾苦。"

张建国一听说下乡去了解老百姓的疾苦，顿时就接受不了，积压了许多的委屈一下子涌上心头，他第一次反驳父亲说："我们住在镇上一点不假，可我们兄弟姐妹吃的苦未必比乡下孩子少，从某种程度上说，我们比乡下孩子吃的苦更多。我们从小捡废品挣零花钱，我们到河里挑石头、锤石子，卖钱挣学费，我们上山砍柴，为的是节省开支，我们到地里捡谷穗，到农民挖过的红薯地里刨红薯，我们住漏雨的屋子，一下大雨就担心它倒塌，我们吃不饱，穿补了又补的衣服。我们一点也不比生长在农村的孩子吃的苦少。你穿的蓝色卡其布裤子，还是我们年前一个寒假挑石头、锤石子挣的钱买的呢。"

张富清用双手摸着蓝色的卡其布裤子，一种愧疚感油然而生。那年5月，张富清从三胡区调到卯洞公社，老大张建国、老幺张健全看到父亲穿的衣服在公社领导当中是最破旧的、补丁是最多的，觉得父亲穿成这样，不仅有损领导干部的形象，也有损个人的威严，于是兄弟俩利用星期天，铆足了劲儿，加大了下河挑石头、锤石子的进度，起早贪黑，终于挣够了买一条蓝色卡其布裤子的布料钱，便拿着钱到供销社门市部买了布料。当他们将用报纸包着的布料递到母亲孙玉兰手中，表明他们的愿望后，孙玉兰感动得趴在裁衣服的案子上号啕大哭。看到母亲的强烈反应，兄弟俩一时蒙了，他们不知道母亲为什么那么激动，难道是因为只给父亲买了做衣服的布料而没有给她买吗？他们面面相觑，连忙安慰母亲说："我们继续挑石头、锤石子，也给您买一块好看的布料。"母亲破涕为笑，深情地说："傻孩子，妈妈哪里是想要你们也给我买一块好看的布料，我是因为你们长大了，懂得为父亲撑面子，为你们有孝心而感动，为有你们这样懂事的儿子而高兴。你们是与妈妈想到一块儿了，只可惜妈妈一时拿不出钱来给你们爸爸做件新衣裳。"

孙玉兰连夜用这块蓝色卡其布缝成了一条裤子。第三天，张富清从乡下检查工作回来，孙玉兰拿着崭新的蓝色卡其布裤子让他试穿时，他很是惊喜地问："哪来的钱？一条裤子，一个月的口粮钱哩！"

孙玉兰骄傲地说："建国、健全他们两兄弟看你在公社领导中穿得最差，用挑石头、锤石子卖的钱给你买的。"

张富清本想责备儿子几句，可一时哽咽得说不出半句话来，他擦了擦眼角的泪水说："挑石头不要太累了，你们正长个子呢！"

从愧疚中回过神来，张富清依旧坚持原则不松口，并开导张建国说："毛主席号召我们说，'农村是一个广阔天地，在那里是可以大有作为的'。知识青年上山下乡，既可以接受贫下中农再教育，又可以把学到的知识运用到农村农业生产中；既是一次全面的锻炼，又是一次个人素质和能力的全面提高。"

张建国仍然不理解地问："生活在卯洞这么一个偏僻的小镇上，不就是生活在大山里的乡村中吗？我也没听说谁家孩子上山下乡！"

张富清板着脸说："你进了工厂，别人怎么办？"

张建国倔强地说："又不是进什么好单位！"

张富清坚定地说："你就下乡锻炼吧！中央领导人的孩子都下乡当了知青，我这么小的芝麻官，又有什么理由不让自己的孩子下乡呢？"显然语气中没有丝毫商量的余地。

这一夜，张建国在床上辗转反侧；这一夜，他觉得好漫长。黎明前，他穿上衣服走出了屋，走出了公社机关的小院，拐了两道弯，来到了西水河边。8月的西水河，因为接二连三的暴雨，河水涨得接近了警戒水位线，河面上雾气腾腾，河水的浪潮咆哮着，以万马奔腾之势撞击着两岸的崖石。张建国静静地坐在码头旁一棵枫杨树下，枫杨树树身如桶，树冠如盖，熹微的晨光从繁茂的树叶缝隙中透过，斑驳地照在他的脸上、身上。河面上一时云蒸霞蔚。几声鸟鸣，一行白鹭从眼前飞过。此情此景，让张建国波澜起伏的心情渐渐恢复了平静，他站起身，刚刚迈上河堤，在最高的一层台阶上碰到了跟着他出来的父亲。

父子俩谁也没有说话，静静地站立于岸边。好一会儿，张富清才一脸慈祥地对张建国说："你看西水河河水多大，可当它遇到前面的山，也得顺着拐弯。我们做人也得这样，不能任性而为，要顺其自然，像水一样不争一时之利。"

这一年9月，张建国背着简单的被褥行李来到了卯洞最偏远、条件最差的卯洞扎河溪林场。他一边劳动，一边温习功课。他牢记父亲送他时说的一句话："知识改变命运，要充分利用空余时间，抓紧文化课学习，切不可把大好的青春荒废了。"父亲的嘱托时时鞭策着他，他利用一切可以利用的时间补习功课。两年后的 1977 年，恢复高考，张建国终以优异成绩考入来凤民族师范学校。

儿子建国上了师范，张富清倍感欣慰。在他看来，这不仅仅是考上大学的事情，也不仅仅是关系儿子前途的问题，关键是保证了不用手中权力为子女谋私的大原则，同时建国靠自己考上师范学校也为他的妹妹建荣、弟弟健全树立了靠奋斗进步的榜样。

俗话说，人逢喜事精神爽。这样一来，张富清的工作干劲更足了。

二十、新式育秧

习惯称张富清为“张老”的杨胜友说：“张老在卯洞公社为老百姓做了很多事情，可不只是为高洞人修路，他还做了很多很多有益于老百姓的事情。”

杨胜友如数家珍，讲了很多关于张富清的往事，其中最打动人心的还是育秧的故事。

那是 1977 年 3 月，按农历算法应该是春节过后不久的早春二月。卯洞高山峡谷，寒气依然很重。按照公社党委的安排，在水稻主产区安抚司召开水稻育秧现场推广大会。安抚司四个生产大队和几十个小队的干部齐聚一堂。会议的主要议题是推广新式育种插秧

工作途中的张富清

的方法。可在推进过程中，非但没有得到一致认可，反而受到了不少生产队的抵制。

新式育秧技术分为两个阶段。第一个阶段是在温室里将谷种催成谷秧，待水田秧箱整好后，将谷秧一粒粒摆在秧箱上，一改过去将谷种直接用手抛撒在秧箱上的传统方法。在秧箱上摆谷秧，劳动强度大，一天下来，脚肿，脸肿，眼肿，即使手脚灵便的快手一天也只能摆七八两。显然，与传统手抛谷种相比，不仅速度慢，而且累人，但好处是节省谷种，而且摆放均匀。

第二个阶段是待秧苗长到两指高后，再把秧箱里的秧苗扯起来，移栽到大田里。

因为劳动强度大，推广的阻力也就大。有几个生产队的干部在推广会上先是对新式育秧技术表示肯定，随之话锋一转，大谈新式育秧的各种困难，讲客观原因，不愿意接纳新方法。社员群众情绪也不高，反应冷淡，从内心里不愿意接受新生事物，认为老祖宗一代代传下来的育秧栽秧的办法就很好，没有必要搞什么革新，更不必自讨苦吃。

面对僵局，一向温和的张富清没有退缩，他要迎难而上。在几个小队长你一言我一语表示反对后，他按捺不住站起来，一把摘下头上的鸭舌帽，用力往桌子上一摔发了火，说：“你们不要给我讲什么客观原因，也不要给我讲这困难那困难，如果没有困难，我们开这个推广会干什么？你们都是共产党员，生产队的干部连这点困难都克服不了，还配做一名共产党员吗？与打江山流血牺牲的前辈先烈相比，这点困难算什么？还叫困难吗？”

脱掉帽子的张富清，头顶上的疤痕像蚯蚓一样显露在阳光下。只见一个胆子大、平常爱开玩笑的生产队干部指着他的头说：“张主任，难怪你总是戴着帽子，原来是头顶上有疤，你那头顶上的伤疤是打仗时留下的吗？”

他知道这名队长是在有意捣乱，有意转移话题，分散大家对新式育秧技术推广的注意力。于是他淡淡地回答说：“我这头上的伤疤，是在逃难中躲国民党飞机轰炸受的伤。”他之所以没有讲出伤疤的真实来历，就是不想在大庭广众之中炫耀自己，更不愿提及过去当兵时的战斗经历，尤其是自己所获得的功勋。他认为功勋只能证明过去，不能代表现在，更不能代表未来，只有不断地为人民做事，获得新功，才算是一个真正一心为人民服务的共产党人。而那些动不动就讲自己的英雄业绩，拿自己功勋说事的人，无非是想以功压人，无非是想谋取更多的利益。

张富清轻描淡写的回答，让那名提问的队长隐隐感受到，只有经历过生死、饱受磨难的人才会如此淡定和从容。唯有这样的人，在困难和挑战面前才绝不会轻言退缩，并带给人一种坚定不移的力量。台下的队长们似乎被他的气势镇住了，不再交头接耳发怨言，也不再讲所谓的客观原因“打太极”了。

张富清见台下安静后，这才继续往下讲。他知道虽然靠硬压也是可以的，但那样容易让人产生抵触情绪，反倒造成消极后果。俗话说，“算盘珠子，不拨不动”。如何让生产队队长和社员群众心甘情愿地接受新式育秧，他掰着手指给大伙算了一笔账。安抚司有 4 个大队，共有 3000 多亩水稻田，按照传统做法每亩要 20 斤稻种，共需 6 万多斤种子。按新式育种方法，每亩只需 8 斤种子，整个安抚司就可以节约 3 万多斤种子。插秧后，水稻产量每亩可提高 80 斤，3000 亩可增产 30 万斤左右。稻种减少，稻谷增收，哪种育秧方法更好，不言而喻。

理不辩不清，账不算不明。张富清讲完，场下一时鸦雀无声，每个人都在心里默默算账：那节省的稻种，可是一笔不小的数目，能够养活不少人呢！还有增产的那一笔，可是了不得……

一番窃窃私语之后，生产大队的书记、队长们，都纷纷表态，愿意采用新式育秧技术，确保粮食增产增收。

做通了生产队干部的思想工作后，抓落实最关键。春季育秧那段时间，张富清不仅跑遍了安抚司每个生产小队，还与社员群众一起下地劳动。所到之处，他可不是只动动嘴皮子，而是直接脱了草鞋，卷起裤腿，下到秧田里与大家一起一颗颗摆谷种。一天活干下来，那可真是腿肿、脸肿、眼肿，腰更是疼得厉害。队长们都关心他，让他少干点，老胳膊老腿了，不要硬撑。他总是笑笑，也不说什么，继续埋头干活。在那段抢播抢种的日子里，张富清始终战斗在田间地头，他的脸上身上满是泥巴，与在地里插秧干活的老农民没有两样。

半个月下来，张富清脸黑得像煤炭一样，眼睛肿得像电灯泡，腰佝偻得像个问号，一身蓝布衣服结满了污垢。当他走进家门时，老伴孙玉兰竟然不敢相认，还以为他害了一场大病。

天气一天天渐热，喜爱阳光、雨露和雨水的秧苗疯了一样地生长。望着绿茵茵的秧苗地，听着那秧苗拔节的声音，饿怕了的人们，无不在心里企盼金秋到来。金灿灿的谷穗，堆得像小山一样的稻谷，那才是吃饱肚子的幸福指望。

二十一、最后一站

随着国家形势一天天好起来，张富清家的喜事也一天天多起来。继 1977 年大儿子张建国考上来凤师范后，1978 年女儿张建荣考上了恩施地区（1970 年由恩施专区改为恩施地区）卫生学校，1979 年经过复读的小儿子张健全考上了恩施地区师范学校。

说起张健全考上师范学校，还有一段故事。那是 1978 年，张健全第一次报考大专名落孙山后，萌生了当工人的想法。张富清当时在乡下驻队，便托人给张健全捎了一封信，在信中他教导幺儿说："搞社会主义建设，需要有文化的青年，今年考不上，不等于明年还考不上。我希望你不要轻易放弃升学读书的机会，只要有决心、有目标、有毅力、肯用功，复读一年，明年定有好结果。"张健全看了父亲的信后，又重新树立了考学的信心。非常凑巧的是，那一年，县教育局下发了允许城镇青年复读再考的通知。张健全本来脑瓜就聪明，再加上勤奋好学，终于如愿以偿，敲开了大学的大门。

在 70 年代的偏远地区，张富清的三个子女陆续考上大中专院校，成为那几年卯洞公社很是轰动的新闻。接下来，另一桩喜事，也降临在张富清的头上。

1979 年年底，在三胡和卯洞工作了整整 20 年的张富清接到县委新的任命，由卯洞公社副主任转任县外贸局副局长。虽然还是副科级，但毕竟回到了县城，也算是党组织对他这个老基层、老山沟、老同志的一种照顾和关怀。

办公室主任杨胜友出于对老领导的敬重之情，经向书记请示批准，特地给张富清安排了一辆卡车搬家。装车时，机关前来帮忙的同志发现，张富清家除了一只皮箱、一个矮柜外，竟没有一件像样的家具，用来装衣服和其他生活用品的箱子全都是供销社淘汰的旧纸箱。

公社革委会组织委员董香彩当时就住在张富清家的楼上，他虽然也大概知道张富清家的情况，但仅有一个矮柜的现实还是让他大吃一惊。卯洞虽说物资贫乏，却盛产木材，购买木材打几件简单的家具，对在卯洞工作的人来说，不是难事，可张富清家却几乎简陋得一无所有。董香彩感慨地对张富清说："张主任啊！我没想到您在林区工作了这么多年，穷得连一件像样的家具都没有，你可是一个真正的无产者啊！"

张富清指着脑门幽默地说："你看我穷吗？财富都在我脑壳里！"

按照张富清的打算，一大清早装好车就离开卯洞，免去一切形式上的送行。但当搬家的大卡车开出公社院子驶上西水河一旁的公路时，只见前来送行的人已沿着西水河边排了好长好长的队，他们有的挥手挥帽子与张富清深情告别，有的要给他送上土鸡蛋、米面粑粑、核桃等，乡亲们以最朴实的方式欢送他们心目中的好领导。

外贸局是改革开放初新成立的单位，主要担负来凤柳条筐和桐油出口任务。为扩大生产量，张富清经常深入工厂调研，就如何提高桐油和藤箱生产效率与工厂技术人员进行座谈，为工厂解决生产中遇到的各种难题。

“忽如一夜春风来，千树万树梨花开。”改革开放的春风吹拂着美丽的来凤，荡涤着人们的旧思想旧观念。

对内搞活，对外开放，银行是活水源头。1980年冬，经湖北省建设银行批准，在来凤成立支行。来凤县委、县政府对组建建设银行来凤支行高度重视，县领导决定从全县的干部中筛选一名政治过硬、责任心强、敢于担当、清正廉洁且懂财经的领导干部负责筹建工作。县上领导反复衡量，最后目光一齐聚集到了张富清身上。

一天清晨，张富清提着包刚刚走进办公室，桌上的电话丁零零地响了起来。他心想，谁这么早打电话，有什么急事？拿起话筒，里面传来了县委书记刘启政的声音。刘书记笑呵呵地说：“都说你老张工作敬业，现在还不到 7 点，你是提前一个小时上班啊！”

张富清说：“年岁大了，瞌睡少，起得早，没啥事就到办公室。”

刘书记说：“改革开放了，事业要发展，我们的干部要是都像你这样敬业就好了。”

张富清快言快语：“刘书记你大清早给我打电话，肯定不是单单为了表扬我吧！有事你就讲。”

刘书记说：“那行吧！你现在到我办公室来一趟。”

张富清放下电话，就往县委大院走。那时的来凤就两条街，走了不大一会儿，就到了县委大院。走进刘书记办公室，刘书记给张富清倒上茶水后说：“大清早把你叫来，是跟你商量个事情。”

张富清直来直去：“你是书记，有指示就讲。”

刘书记说：“经省上、州上批准，省建设银行拟在我县成立支行。银行是城市经济建设的排头兵，很重要，我们权衡再三，还是决定由你来牵头组建支行。”

张富清说：“只要是组织的决定，我坚决服从。”

刘书记又充满歉意地说：“到建设银行工作，可还是副科级，提不了正科，你得有思想准备。”

张富清说：“我张富清从来没有想把官做多大，只要能把党组织分配的任务完成好我就心满意足了。”

刘书记笑着说：“这一点我不如你，很多干部赶不上你，我们应该向你学习。”

张富清说：“人各有志，像我这样的，也只适合为人民做点小事情。”

正如张富清自己所说，他从来没有去想如何把官做大，他想得最多的是如何把自己的本职工作做好，把服务老百姓的事情办好。他一生都甘当党的突击队员，哪里需要，他就到哪里；哪里有困难，他就突击到哪里。

就这样，张富清正式上任建设银行来凤支行副行长，牵头主持银行的全面工作。组建之初，工作人员只有四五人，办公场地也是临时借用的，一切工作从零开始。

1981 年正逢国家推行“拨改贷”改革，来凤县国营田坝小煤矿是当时建行来凤支行最大的贷款户，为保证把放出去的贷款安全收回来，张富清常常深入一线，到工厂搞调研、摸实情。有时为了节省时间，他干脆在厂里支张床，与工人们同吃同住，帮助企业抓生产、促销售。当年，银行放出去的贷款，没有一笔呆账。到张富清正式办理离休手续时，他为单位盖起了崭新的营业楼、办公楼和家属楼。

1984 年 12 月，张富清到了离休的年龄，恰逢上级银行分给来凤一个提档增薪的指标。行里人都认为这次难得的机会应该是老行长的了，毕竟老行长到了“最后一站”。可他偏偏把这唯一的指标让给了一同工作的另一位副行长。单位的人不理解，家里人也困惑，儿女们幽默地提醒他说：“老爸，革命的生涯可是最后一站了，提档增薪的机会也是最后一次了，这次就不要‘孔融让梨’了。”

“孔融让梨”，是张富清过去教育儿女团结友爱时经常讲的故事，今天孩子们却反过来用这个故事来提醒他。张富清依旧平淡地回答说：“我做牵头的副行长，哪能见了好处就往自己怀里扒。”

张富清对自己讲原则，对他人讲原则，对自己的亲人更讲原则，他从不为子女的前途和个人发展动用手中的权力。张建国、张健全兄弟俩对此有着共同的体会。张建国从来凤县师范毕业那年，正好赶上张富清从工作了 20 年的乡镇调回了县城，张建国希望能留在县城的学校教书，便给父亲提出了自己的想法。张富清反而劝说他：“农村需要年轻的教师，如果你们刚毕业的学生都不愿意到乡村教书，那农村娃谁来教他们学文化？听组织的，组织分配你到乡村，你就去乡村，组织分配你留城里，你就留在城里。”最后，张建国被分配到了绿水乡龙嘴村小学。龙嘴村小学不仅地理位置偏僻，而且教学条件较差。张建国到龙嘴村小学报到前，学校每年只有一两个学生能够考上绿水中学，经张建国一番努力，两年后龙嘴村小学升学率大幅提升，每年都有十多名孩子考上绿水中学。由于教学工作出色，张建国很快就被调到绿水中学任教导主任，1987 年又被调入来凤县教委，从普教科科员到副科长、科长，直到最后从教委主任的岗位上退休。

1981 年 7 月，张健全即将师范毕业，按照当年的分配原则，他将被分配回来凤县，然后由来凤县教育局根据全县中小学师资情况进行第二次分配。当年，无论是乡村还是县城里的中小学，师源都十分紧缺，所以师范毕业生尤其是州师范毕业的青年学生更是抢手。只要找人给县教育局管分配的局领导打个招呼就能如愿留在县城中小学教书。张健全也像很多同学一样，渴望留在县城，不仅事业发展平台好，而且谈恋爱成家也方便。在县教育局第二次分配前一个大雨倾盆的晚上，一家人刚上桌吃饭，张健全便不失时机地向父亲提出了毕业留县城中小学教书的愿望。对于留在县城，张健全是满怀希望。因为他知道，县上的领导有几位曾与父亲共事，或是在工作上交往比较多，只要父亲肯开口，他就能留在县城教书。可张富清在听了儿子健全的想法后，不仅不肯帮忙，还动员张健全到乡下去教书，说农村中小学师资力量薄弱，更需要充满活力、有真才实学的青年教师。还劝他说，只要是金子，在哪儿都会发光。张健全深知父亲的性格、脾气和行事风格，无论什么事、无论事情大小，只要涉及原则问题，任谁找他说情，都休想说动他。张健全见父亲不但不肯帮忙找人，还劝他到基层去锻炼，便不再纠缠，不再多说第二句，他只能顺其自然，听从命运的安排。

这一夜，张健全失眠了。他想不明白，为什么父亲如此死板，在原则面前不退让，不肯求人帮助自己的儿子；为什么父亲不替儿子着想，还鼓励儿子多吃苦；为什么父亲眼看“到站”了，还如此严格要求自己；为什么……无数个为什么在张健全的脑海中翻滚，像窗外的雨下个不停。

结果可想而知，在县教育局第二次分配时，张健全被分到了来凤县旧司镇中学。这是一所始建于1956年的老牌乡村中学，因受“文化大革命”影响，师资力量十分薄弱，有一半老师为民办教师，其中大多是旧司中学的毕业生，还有一小半原是工农兵大学生，只有极少数教师毕业于地区师范和省师范。对于张健全的到来，旧司中学徐文安校长如获至宝，张健全8月中旬报到，9月1日开学就被安排教初一语文课。张健全登台讲的第一课是朱自清的《春》。开讲前，按照教学大纲，他先给学生讲解了教学目标、重点和要求，然后围绕朱自清的《春》，给同学们吟诵了孟浩然的《春晓》、杜甫的《春夜喜雨》，紧接着满怀深情地朗读《春》的原文，“盼望着，盼望着，东风来了，春天的脚步近了……”接下来的讲授，张健全完全不看讲义，所有内容他已烂熟于心。一个初出茅庐的年轻教师，不仅不怯场，而且大胆自如，所采用的教学方法也与传统教法相比有很多创新之处。张健全别具一格、行云流水的讲课风格，一下子赢得了坐在最后一排前来听课的徐校长和同学们的热烈掌声。张健全凭借《春》一炮走红，每当他上课时，不少老师都自愿走进他的课堂旁听学习。一来二去，张健全便在来凤教育界小有名气。张健全出色的才华、出色的教学能力、出色的演讲口才，引起了来凤县第一中学领导的关注，经过沟通协调，来凤县第一中学于1985年8月将张健全这个有培养前途的教学“新星”调入。但张健全并没有满足于眼前的成功，他利用业余时间通过自修，相继完成了大专、本科学业，获得了相应文凭。五年之后的1990年他又被县人事局看中，于当年2月调入县人事局，直到现在担任来凤县第二巡视组组长。对于自己一路顺风顺水地走到如今，张健全感叹地说："我们兄弟姐妹之所以能成为有益于社会和人民的人，得益于父母言传身教，得益于父亲关于知识改变命运的教诲，得益于父亲靠本事吃饭而不靠关系获利的人生观引导。"

蓝色的酉水河在阳光下闪烁着晶莹的光芒，像一朵朵水晶花在河面上绽放。张健全望着窗前的酉水河深情地说："酉水河之所以美丽迷人，就在于它的清澈和纯洁；父亲之所以一辈子不改本色，就在于他坚守理想，保持做人的纯粹。"

张富清不光从不为儿女的工作动用手中的权力，对儿媳们也是如此。大儿媳严义芳，是张富清在三胡工作时的好友严天明的三女儿，护校毕业后分配到三胡卫生院工作，1983年与张建国结婚。当时他们一个在绿水乡下教书，一个在三胡卫生院当护士，两地分居，受当时交通条件的限制，两人见一面很不容易，生活很不方便。当严义芳看到自己的同学和同事一个个相继调进县医院时，她无数次梦想调进县城，无数次萌生找公公张富清出面把自己调到县医院的想法。可当她亲眼看见公公一身正气，不为儿女之事徇私情，也就一次次心有不甘地放弃了。她不想让公公因帮自己调动工作而违反纪律、违背他做人的原则。她说，事关个人的事既是大事也是小事，只要想明白了，也就放下了。直到1988年县人民医院扩建，从各乡镇选调优秀医生、护士补充医护人员队伍，经考核和基层推荐，严义芳才作为优秀护士调进了县人民医院，她这才与张建国结束了五年的两地分居生活，在来凤县城建起了自己的小家庭。

二十二、重新站起来

2012年4月，来凤正值春暖花开、春光明媚的好季节。粉红的桃花开得艳丽，雪白的杏花开得清雅，淡黄的迎春花开得秀美。这一天，住在老街建行家属院内的张富清老人，还像往常一样6点按时起了床，洗漱后下楼，沿蓝河（老虎河）河边散步。这一晨起锻炼的习惯从1985年离休起，他已经坚持了20多年。

清晨，雨过天晴的天空蓝得没有一丝杂质，空气清新；繁花的香味扑鼻而来；河水流淌的潺潺声、小鸟叽叽喳喳的鸣叫声，给寂静的清晨增添了生机和欢乐。张富清沿着河边的小道刚走了一半，只觉得左腿膝盖突然有点不对劲儿，时不时产生既像蚂蚁叮咬又像针扎般的疼痛。因为人老了，怕冷，他还穿着毛裤，他几次停下脚步，掀起裤腿，察看膝盖的疼痛处。左看右看也没有发现异常，可是一阵阵的疼痛，让他没了散步的心情，更没了欣赏春光的心境。

他停下了脚步，向回折返。这是他散步以来第一次走了一半就折返回家。

老伴孙玉兰正在厨房忙碌，为他煮早餐的面条。面条刚下锅，正沸腾着。孙玉兰明显感到张富清比往常回来得早了，于是问道："你今儿个怎么回来早了？"

张富清听了也没吱声，身上的这一点小小的疼痛他不想告诉老伴，免得老伴担心。因为老伴患有高血压，心脏也不好，都安了几个支架了。不多会儿，老伴把面条端了出来，放在客厅那张不大的餐桌上。张富清虽说大半辈子生活在湖北，但乡味难改，饮食上依然保持着陕西人的口味，爱吃面条，几十年来早餐吃面条是他最喜欢的生活享受。其实面是南方那种机器压的挂面，虽说没有老家的手工扯面好吃，可他吃了几十年也习惯了。

一天、两天、三天……半个月过去了，疼痛越来越频繁，越来越剧烈。有一天晚上，张富清竟然疼得忍不住叫出声来。老伴打开灯，只见他正用手捂着左膝盖，龇牙咧嘴满脸痛苦。在老伴的一再追问下，他才给老伴讲了这半个多月来身体的不适。

天亮后，孙玉兰着急地给两个儿子张建国和张健全分别打了电话，让他们到家里来，把父亲送到医院去看医生。

在县医院，一番检查后，初步诊断为风湿性膝关节炎，采取针灸理疗和消炎办法处理。一个月住下来，疼痛非但没有减轻，反而逐渐加重，膝盖的红肿处越来越大，还有了明显化脓迹象。张建国、张健全两兄弟一商量，决定转到恩施土家族苗族自治州人民医院。医生针对病情采取了消炎引流的办法。经过大半个月的治疗，病情依然不见好转，医生给他们兄弟俩建议转到湖北省人民医院，说那里医疗条件更好，医生水平更高，对老人的治疗更为有利。为了尽快治好父亲的病，两人采纳了医生的建议，立即将父亲转到了湖北省人民医院骨科。

张富清住进省人民医院骨科时已是 8 月盛夏了。此时的张富清，膝盖发炎化脓的程度已经非常严重了，皮肤表层红肿得相当厉害。根据张富清的愿望，为保住腿，骨科陶海鹰主任先是采用灌洗引流术进行保守治疗，也就是说把膝盖切开，用导管输送盐水冲刷脓液，然后填压大块纱布，待炎症消除后，再做膝关节置换手术。

每次换药，拉扯伤口里的纱布时，护士虽然万分小心，可是还会牵扯出血肉。消毒完了，又一条一条地填压新纱布。医生反复叮嘱他，要是疼得忍受不了就喊出来。可张富清怕影响医生治疗，干扰其他病人，硬是咬着衣角不出声，哪怕是痛得大汗淋漓，他也是一声不吭。

由于已经错过了最佳治疗时间，所以两周的保守治疗效果并不明显，还有恶化的趋势，真菌和细菌感染严重，软组织坏死部分在扩大，弄不好会引发败血症。好在持续的高烧得到控制。最终，陶主任决定实施截肢手术，以保全张富清的生命。

一天上午，陶海鹰主任在查完房后，专程来到了张富清住的病房，与张富清及其亲人进行术前谈话，讲清手术的理由和风险。

听说要截肢，张富清犹如遭当头一棒，好一会儿说不出话来。他在心里想，战争年代都没有倒下，如今怎么就被病魔打垮了呢？竟然还要截肢！他哀求医生说：“不截行吗？”

“您要腿还是要命？”

“我不怕死，可我不想是个残疾人，拖累家人、拖累国家。”

“您是老干部、老革命，年轻时为国家做贡献，老了国家给您看病，哪里谈得上拖累。”

“正因为老了，不能给国家做事了，才应该少给国家添麻烦。”

“您这个老同志啊，就是思想太好了。您现在都这样了，心里想的还是国家，还怕给国家添困难，太少见了。”

在此之前，陶海鹰主任已经与张富清的儿女们说明了截肢的理由。他们均表示尊重科学，尊重医生的意见。为此，他们一齐上阵劝父亲听医生的，先把命保住再说。

面对医生的主张、儿女们的劝说，张富清只得默默点了头。

……

几个小时后，张富清从手术室被推了出来。他脸色苍白，手脚冰凉，被子下面左腿处已是空空荡荡的……

麻醉的药效消失后，张富清渐渐苏醒。他只感到大腿根好痛好痛。他躺在雪白的病床上，身上插了好多管子。他用手去摸疼痛的地方，觉得身体少了什么。什么呢？他动动右脚，脚在；他想动动左脚，但大腿根以下什么都没有了。他一时反应不过来，我的左脚呢？我的左腿呢？好一会儿，他才想起了手术前陶主任与他的谈话、儿女们的劝说，难道他们真的把我的腿给截掉了？他急切地大喊：“你们把我的脚弄哪里去了？没有脚，我怎么走路，还怎么行军，还怎么打仗？我不就成了一个没用的废人了吗！”

守在病床边的张健全急忙握住父亲的手说：“爸爸，你做梦了吧！还想行军打仗哩！医生给你做掉了，是截肢手术。”

看着爷爷可怜的样子，张富清在湖北民族大学音乐舞蹈学院当教师的孙女张然忍不住泪流满面。可清醒后的张富清却没有流泪，他只是非常平静地看着亲人，他那坦然的样子，仿佛在说：没事了，你们不要为我担心。

无论怎样，一条腿没了，张富清的内心或多或少都有着无法言表的伤感。老人只得长叹一声：“我的这条腿啊，陪我走了多少路！”一次他竟然自言自语：“战争年代腿都没掉，没想到和平年代腿掉了！”

张建国、张健全齐声劝他说：“保命要紧，腿没了怕什么，以后我们照顾你。”

张富清知道儿女们孝顺，知道儿女们为给他治病操碎了心，知道儿女们为了支付手术费还借了 12 万元的债，他心怀歉疚地说：“以后我是不是就成一个废人了？什么都不干了，还要拖累你们！”

张健全是老幺，平常跟老爸说话比较随意，他以

重新站立起来的张富清老人

为了不给儿女添负担，张富清一直坚持自己动手做家务

略带批评的口吻说："您老人家说的什么话！养儿干什么？就是防老。您老人家有病了，躺床上了，就是我们兄弟姐妹的事。"

"我既然不能为国家做贡献了，就不能给单位添麻烦，也不能给你们添负担，"张富清感动而坚定地表态说，"我必须重新站起来，至少做到生活自理，不能坐在轮椅上让人照顾。"

张富清年岁太大了，医生们估计，老人截肢后，余生只能在床上和轮椅上度过了。

可此时的张富清却已经暗暗在心中开始制订自己人生冲锋的计划了。伤口基本愈合后，他用一条腿做支撑，先是沿着病床移动，后来慢慢地扶着墙壁练习走路。一开始，掌握不好平衡，有好几次他都差点摔跟头。有一次，他不小心摔破了胳膊，扶墙站起来时，墙面留下了好几道血印。

站起来自己走路，是张富清术后最大的心愿。

张建国、张健全及时为他联系了安装义肢的工厂。张富清被送进义肢厂，先是石膏打模取样，待义肢做好了，他在护士和两个儿子的帮助下，开始练习套义肢，开始康复训练。截肢后，新长出来的是嫩肉，接驳腔里即使是软的物体，一经与嫩肉摩擦，也会产生剧烈的疼痛。一边是用力站立，一边是义肢摩擦皮肉后难忍的疼痛，每次站立，汗水就湿透了他的衣衫。但张富清一直坚持着、忍耐着、练习着。年近九旬的张富清心里只有一个信念：我要站起来，打仗我没有倒下，病魔也不能让我倒下。“站起来！”他在心里给自己下了最后一道命令，“我要冲锋到最后！”

在武汉住院两个多月后，张富清回家了。回到家中的第二天，他就又开始锻炼起来。每天清晨，他戴上十多斤重的义肢练习行走。新生的嫩肉一次次被磨破，血水透过裤子渗出来。伤口愈合了，他接着练习；磨破出血了，再包扎。义肢太硬，硌得新长的嫩肉伤痕绷裂，流血，结痂，再流血。他用手一摸，痛得钻心。张富清在心里呐喊：“我要走起来，走起来才是战士！”他顽强地向困难发起新的挑战，直到嫩肉磨出一层硬茧子。

张富清凭着难以想象的毅力，重新夺回了对“腿”的控制权。他先是能一个人走到阳台上；再后来，在子女们的扶助下，能在楼下的院子里转圈圈；到了第八个月，他终于可以一个人正常行走了。

张富清自如行走的那天，在春光明媚的清晨，在不大的房间里，他缓步走到了阳台上。此时初升的太阳正好越过东山，瑰丽的霞光像闪烁的金粉洒在蟹爪兰嫩绿的叶片上，小小的阳台便一下子弥漫了无限的春色。蟹爪兰是他离休后种养的，他喜爱蟹爪兰的朴素，也喜爱蟹爪兰鲜艳的花朵。从生病离开家住到医院，有大半年的时间他没有看到蟹爪兰了，即使是回到家后，因为要练习行走，他也有相当长一段时间没能近距离地好好看看与卧室一屋之隔的蟹爪兰。今天见了，就像与亲人久别重逢，心里不免感动。他随手推开窗子，一股春风涌入，蟹爪兰不住地摇动身姿，仿佛在向许久不见的主人致意。

他嘴里喃喃有声，就像是对列队整齐的士兵下达“立正，稍息”的口令。他缓步从阳台这头走到那头，再从那头走回来，像将军检阅自己的部队。迎着扑面而来的春风，看着正在打苞的花蕾，他的笑容如春光一样灿烂。

他缓慢地转过身，看一眼客厅的挂钟，7 点马上就要到了，他移步向客厅走去，对站在客厅里迎上来的老伴孙玉兰说：“看早新闻，从今天开始，我要回到以前正常的生活。你把水烧好，看完了新闻，我来给你们下面条。”

老伴孙玉兰满脸幸福地说：“你慢点走，我来给你开电视。”

张富清是那样地热爱生活。他站起来行走的第一天，就像以前一样进厨房忙活开了，先是给老伴和大女儿做了一碗他最擅长的刀削面，然后将厨房灶台擦拭得干干净净、一尘不染。在妻子和孩子们心中，张富清是一个永不言败的战士，更是一位体贴的丈夫、慈爱的父亲。

张富清以90岁的高龄，战胜了常人无法想象的困难，重新站立起来了。病魔夺走的是一条腿，站立起来的是一座屹立不倒的山！

二十三、榜 样

20世纪90年代，社会主义市场经济体制初步建立，在神州大地上，一场全民经商的热潮悄然兴起。

离休在家的张富清，轻轻松松、安安分分地享受自己的离休生活。他的日子过得很愉悦，精神世界很丰富。他每天除了雷打不动看《新闻联播》、听广播，了解时事政治之外，再就是散步、听秦腔、打门球，其中看报纸、读书、写笔记，于他来说已习以为常。

有些人对张富清那么大年纪还关心政治爱学习很不理解，当有人问他时，他总是郑重其事地说："我是工作上离休了，可我还是一名共产党员、党的离休干部，在政治上、思想上绝不能离休。"这句话既实在又有情，成为张富清离休后的"座右铭"。

他每天6点起床，先是外出散步，然后回家，7点看电视新闻；吃了早饭，开始读书看报。他最爱读的是《人民日报》《求是》《半月谈》。每晚必看《新闻联播》，特别关注国际新闻和“海峡两岸”，然后再走出家门，沿蓝河散步，转一圈回来，洗漱睡觉。

他学习可是真学。每次到建设银行过组织生活，年轻人就会问他学习的动力从哪儿来，他一如既往微微一笑之后，非常认真地回答：“一个人不认真学习党的理论，怎么能说‘听党话、跟党走’？我虽然离休了，但永远是党的人。”

他的文化水平不高，他说字典就是他的老师。在他的书桌上，摆着两本陈旧的字典和一本《习近平总书记系列重要讲话读本》。因为经常翻阅，字典封皮四周早已泛黄发黑。读本里有手写的不同颜色、不同形状的标记，最醒目的是空白处的大量笔记，标注着他的学习收获。在书的第110页，他这样写道：“要不断改造主观世界，加强党性修养，加强品格陶冶，老老实实做人，踏踏实实生活，始终做到对党忠诚，个人干净，做初心不变的模范党员。”

张富清是建行来凤支行的创始人之一，从他算起，李甘霖是中国建设银行来凤支行第七任行长。2017年李甘霖刚到任不久，组织召开支部主题党日活

95 岁高龄的张富清每天坚持读书看报

动，地址定在三楼会议室。因刚到行里工作，他对老人的身体情况并不了解，不知道老行长做了截肢手术，只听说老行长爱学习，爱参加组织生活。“七一”到了，他给张富清打电话，邀请老行长到行里与员工们一起过组织生活庆“七一”。张富清听了很高兴，二话不说就答应下来。

那天下午两点半，张富清推着助步车，在老伴孙玉兰的陪伴下，按时赶到了银行的大门口。等候在大门口的小伙子叫刘涛，他是大学毕业后分到支行的工作人员，因为当天下午有几位离退休的老同志、老党员也来开会，所以领导就安排他早早守在门口负责迎接。当张富清缓慢地走进大门后，刘涛赶忙热情地上前搀扶。张富清和善地对他摇了摇手，说自己还能行。刘涛是第一次见张富清，只知道他年岁很大了，也不知道他一条腿是义肢，但还是担心他上楼梯时摔倒，于是张开双手，紧紧地跟在他的身后。张富清毕竟上了年纪，而且义肢还得靠右腿带，所以每上两步台阶都要休息一会儿。他足足用了将近15分钟才上到三楼。走进会议室时，他虽然喘着粗气，但脸上满是笑容。

因为行里人少，当时刘涛作为青年积极分子代表参加了行里庆“七一”活动。在重温入党誓词这一环节，刘涛见张富清老行长像正常人一样站起来庄严地举起右手，跟着大家重温入党誓词，面对此情此景，他感动得热泪在眼眶里直打转。

活动结束后，刘涛听行里的客户经理张迟讲，张富清老行长的左腿已经截肢，用的是义肢。

刘涛听后惊叫道：“真的吗？”

张迟认真地说：“句句是真话。”

刘涛若有所思地说：“当时，我就在心里想，为什么他的左腿那么僵硬，都不能打弯，几乎是拖着上楼的。”

张迟说：“你知道老行长的岁数有多大了吗？”

刘涛想了想说：“大概八十五六吧！”

张迟说：“老行长今年 93 岁高龄。”

刘涛激动地说：“天啊！奇迹竟然发生在我的身边。多么坚强的老人啊，多么平易近人的老领导啊，多么纯粹的共产党员啊！”

张迟见刘涛对老行长打心眼里敬佩，便问：“老行长的哪一点让你如此感动？”

刘涛回答说：“老行长是一位 93 岁高龄的老人，他左腿截肢，出行不便是明摆的事实，他完全可以让单位派车，也完全可以不来开党员大会、过组织生活。可他来了，他是推着助步车从家里走来的，而且不要人扶，自己走上了三楼。开完党员大会，他又是自己一步一步地扶着楼梯挪下了一楼。在我看来，过组织生活是一种形式，可在老行长的心中，崇高的信仰令他对党组织的一切活动都怀抱神圣的情感。”

晚上，刘涛失眠了，他在床上辗转反侧。刘涛是湖南龙山人，2010 年从湖南商学院毕业后进入建设银行来凤支行。过去，他对一些共产党员有看法，尤其是在媒体上看到一个个落马官员的贪腐劣迹后，一度放弃了加入党组织的打算。到来凤建行工作后，他立足于做好本职工作，把对得起单位发给自己的那份薪水作为工作的标准。家里父母倒是希望他努力工作积极进取，争取早日加入党组织。他听后，一度认为父母传统古板，不予理睬。可就在今天下午，张富清老行长用无声的行动给他上了一堂精彩的人生课。张富清对党的执着和热情，纯粹、高洁的思想境界，坚韧的意志，像一股势不可当的春潮冲开了他的思想闸门，校正了他的偏见，他的人生理想在榜样的感召下得到了重树。

“我要入党”的呼唤从他心底喷薄而出，似春雷般炸响，他很快做出了人生的一个重大决定——他要向党组织提交入党申请书。他迫不及待地坐到书桌前，摊开纸笔，挑灯夜战，写下了饱含真情的申请书。他决心以张富清老行长为榜样，做一个有信仰、有追求、

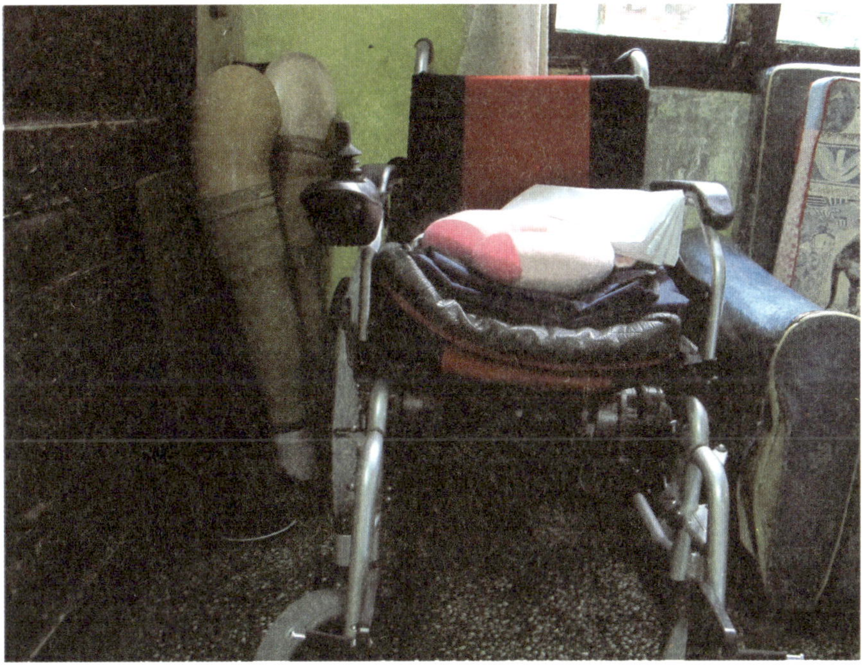

义肢和轮椅见证耄耋老人张富清的坚毅与顽强

有抱负、有担当的新青年；像张富清老人那样，做一个不改本色、光明磊落、无私纯粹、永葆初心的共产党员。掷地有声的铿锵誓言，在白纸上转化成人生的信仰。他庆幸终于找到了自己的追求，盘旋在脑海里的迷惘在顷刻间烟消云散，歧路变成了通途。刘涛激动地站起身，一把推开窗子，一股凉爽的清风扑面而来，苍穹中的繁星已经消失，东方的曙光已将房前的东山点亮，锯齿状的山峦在黎明中变得越来越清晰。霞光铺满了大地，金灿灿地映照在他的窗台上，他仿佛感到额头上闪耀着明亮的光芒。

从此，刘涛就像换了一个人似的，工作积极主动，任劳任怨，勇挑重担，凭着突出的工作业绩、优秀的表现，终于在2018年“七一”前夕，光荣地加入了中国共产党。2019年7月他预备期满，经组织考核，在“七一”那天，转为中共正式党员。

二十四、亏 欠

2018年10月，张富清因患白内障住进了医院。他没有住单人病房，而是与一位70多岁的农民兄弟同住一个三人间。农民兄弟先他几天入院做了晶体更换手术，待张富清准备手术时，农民兄弟已经拆了纱布。

他问人家更换的人工晶体花了多少钱，农民兄弟说，家里没钱，换的是国产品牌，最便宜的，3000多元。他又问，手术后感觉如何？农民兄弟说，还行，马马虎虎。

张富清入院后做完相关检查，他的家人曾经与医生协商，决定更换好一点的晶体，现在他听农民兄弟这么一说，大受启发，当即改变了先前的决定，也要装一个国产晶体。

医生以为他是怕花钱，怕给子女添负担，于是劝他说："您是老同志老干部，享受的是实报实销的医疗政策，进口的晶体肯定比国产的质量要好，舒适度也高些。"

张富清说："我这么大岁数了，离休多年了，再也没有为党和国家做什么贡献，现在唯一能做的，就是为国家能省一点是一点。"

医生宽慰他说："给国家省点钱是对的，但要看省什么钱，比如说可吃可不吃的药，可住可不住的院，都可以省着点儿。眼下您老人家换晶体，可就是大事，事关您老人家日后的生活质量。"

张富清笑笑，语气肯定地说："听我的吧！就国产的。"

张富清这一辈子，首先想的是国家和人民群众，其次是家人，最后才是自己。这是很多认识张富清的人对他的评价。来凤县人大常委会原主任董香彩说：“这是张老保持一生的精神境界，是他坚守了一辈子的初心。”

为换晶体的事，张建国、张健全两兄弟苦口婆心地劝父亲，医生也是反复地做工作，讲国产与进口晶体的区别和优劣。但无论谁劝，都无法动摇张富清拿定的主意。

只要是他决定了的事，并且认为正确的，谁也别想改变他。

如今，一年多时间过去了，张富清常常满足地对关心他的人说：“看，国产的也挺好，还给国家节省了开销。”

有一次，大儿子张建国回家来看望他，因为走得匆忙，到半路上才想起早晨还没有吃降血压的药，进了家门便跟父亲讲，想临时用一下父亲的药。张富清一听，马上拒绝说：“那怎么行，我用药国家是实报实销，你怎么能占国家的便宜呢？”从此以后，他把自己的药专门装在一个木箱里，用锁锁起来，家人谁也不能动。

“上不愧对国家，下不亏待群众。”这是张富清的处世格言。

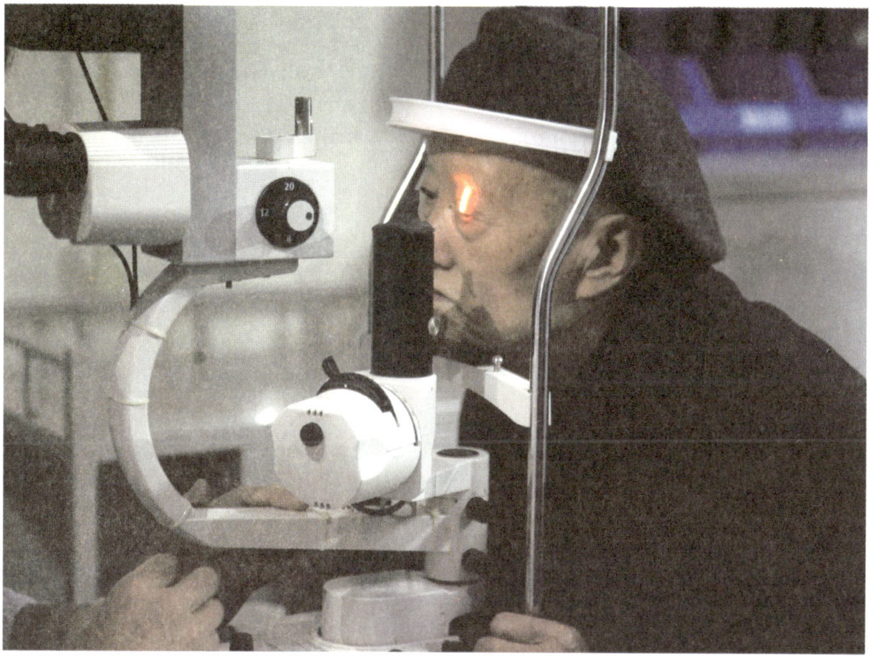

张富清在医院眼科做眼压检查

俗话说，鱼与熊掌不可兼得。一个始终把国家和人民摆在第一位的人，很难做到忠孝两全。1960 年 7 月，正值酷暑盛夏，三胡区遭受了百年未遇的旱灾。为抗旱保苗，张富清上山驻队，正当他带领社员群众挖沟、引水、抗旱、保苗的节骨眼上，二哥张茂茂从洋县给他发来了母亲病危的电报。

这份电报的到来，犹如晴天霹雳，让张富清一时难以接受。

周爱女是个苦命的女人。她的命苦，不仅仅是因为 16 岁那年嫁给了一贫如洗的张前成，还在于她年轻丧子——大儿子夭折，青年丧夫——丈夫张前成正值壮年，患病而亡。她 27 岁开始守寡，尝尽了人世艰难，含辛茹苦把张茂茂、张润莲、张富清三个孩子养大。新中国成立，穷人翻身得解放，好日子刚刚开了个头，她却在六十花甲之年倒下。

想起母亲的苦，张富清心里是满满的愧疚。他除了在地主家做长工时给母亲一年挣下两斗米，除了替母亲分忧，顶替二哥当壮丁外，再也没有为母亲做过任何事情，没有对母亲尽一点孝心。

就在张富清为母亲病重而万般焦急的时候，紧接着第二封加急电报发来，电报就五个字：“母病故速回。”接到第一封电报时，张富清就有不祥的预感，但他没想到噩耗来得这么快，他悲痛万分，一时六神无主不知该如何是好。

一边是母亲病故，需要回家办理丧事；一边是抗旱保苗，事关百姓的生计。不回家，显然难以尽孝，难以回报母亲的养育之恩，难以让亲朋乡邻接受，这在老家马畅镇双庙村是要遭人唾骂的，是要被人戳脊梁骨的。可是，自己所驻的生产队正面临干旱的严重考验，如果因干旱粮食绝收，群众的生活将陷入困境。

天气干旱，大地龟裂，酷热难当。这天晚上，劳累了一天的张富清没有像往常一样倒头便睡，而是因为母亲的病逝彻夜难眠。他几次起床来到室外，烤了一天的山谷，闷热得让人喘不过气来。抬眼望着满天星斗，他想，明天又是一个大热天，引水、车水、挑水保苗的工作，不能有一丝懈怠。再说了，回汉中洋县，交通不便，从来凤到恩施，从恩施到宜昌，从宜昌到武汉，从武汉到西安，再到洋县，一路辗转，没有十天半月回不去，待为母亲吊孝办完丧事回来，时间耽误了不说，再影响了抗旱效果，那么先前大家付出的汗水将付诸东流。其连锁反应将更为可怕，老百姓因干旱绝收，最终会导致粮荒，甚至出现背井离乡、讨米要饭的凄惨景象。

张富清一直保持着艰苦奋斗的优良传统，至今还自己动手做针线活

经过一番思量和权衡，他决定不回老家，而是坚守抗旱一线，为广大社员群众的生计尽责。他让妻子在镇上邮局给二哥张茂茂汇了60元钱，请二哥费心操办母亲的丧事。60元在那个年代可是数目不小的一笔钱，那是他与妻子好不容易积攒了近十年的家底。但此时，这60元是他作为儿子，在母亲病故之后唯一能给予的回报。60元钱汇走了，可他的心还是撕心裂肺地痛，思来想去，经过一番情感的挣扎，他想应该让妻子孙玉兰回洋县老家代自己尽孝。有了这个想法，他的心才慢慢好受了些，他心里想着："在抗旱的节骨眼上，不能有儿女情长，要坚守岗位，带领广大社员打好抗旱保苗的攻坚战。只有保证了粮食丰收，才能保证乡亲们有粮吃，不出现粮荒，不饿死人。在党和人民群众最需要的时候，作为一名共产党员，绝不能在最关键时刻因自己的家事向组织提要求。做好眼下最要紧的抗旱工作，秋天了能收上稻谷，老百姓有饭吃，既是对娘最好的尽孝，也是对娘最好的报答！"

在以后的岁月中，每当夜深人静，想起母亲周爱女一人拉扯他们兄弟姐妹的艰辛和凄苦，想起母亲一辈子遭的罪受的难，想起母亲去世时自己都没有回去送母亲最后一程，张富清的内心深处便会泛起阵阵波澜，愧疚如激流中的旋涡，一次次把他卷了进去。为此，他时常泪水涟涟，心如刀绞。

对张富清而言，除了母亲，他这辈子最亏欠的另一个人就是他的妻子孙玉兰。由于他响应党的号召，把妻子首先“精简”回了家，所以妻子成了无正式工作的人；由于他坚守清廉，无论多么困难，绝不利用手中的权力谋一点私利，所以妻子跟着挨饿吃苦；由于他一次次服从组织的安排，在贫困的乡镇生活了整整20年，所以妻子跟着住漏雨的危房，没有享受到一点干部家属的好处。四个孩子张建珍、张建国、张建荣、张健全无不是孙玉兰一手拉扯长大，而他却因为忙于工作和驻队，很少去帮衬妻子。

妻子对他工作的理解和支持，对家庭的付出和操劳，为生活承受的压力和辛酸，这所有的一切，张富清看在眼里又怎能无动于衷！但对他而言，为党和人民工作的脚步是一刻也不能迟缓的，既然选择了家国大爱，就注定义无反顾、一心为公。他把对妻子的一腔歉疚深埋心底，不知何时才有机会能够弥补涓滴……

二十五、本 色

如今，张富清一家三口还住在20世纪80年代初盖的建设银行家属楼里。走进窄小的院子，给人的第一感觉，除了拥挤便是杂乱。站在楼下，举目四望，虽然房子显得陈旧，但大多数人家力所能及地进行了装修，基本上都将普通的钢筋防盗网换成了不锈钢防盗网，将陈旧的木窗换成了铝合金窗户。唯有住在二楼的一户人家，还是当初的钢筋防盗网，经受30多年的风吹日晒雨淋，早已锈迹斑斑；窗子也是盖房时安装的，是那种老式的旧木窗。这套至今保持着原初面貌的住房，就是张富清的家。

楼房没有电梯，步行到二楼，那扇陈旧的木门上悬挂着“光荣之家”的牌匾，这是张富清家有别于其他住户的鲜明标志。

两室一厅的房子，虽然面积小，可屋子里收拾得干干净净，东西摆放得整整齐齐。

房子里的地板，还是最初的水磨石地板；白色的墙壁自住进后30多年时间里没有再粉刷过，已呈现斑驳的青黄色；桌子椅子柜子凳子都是木头的，从样式上看，全是80年代的产品，无不倾诉着岁月故事；沙发是人造革的，光滑发硬，没有一点柔软度和弹性。

客厅面积比一张乒乓球桌大不了多少，沙发对面的墙壁上挂着一幅匾，1 米长，20 厘米宽，中间是草书的“寿”字，右边是寿桃，左边是“心宽益寿，德高延年”。靠南面有两间房子，一间为张富清夫妇居住，一间为大女儿张建珍居住。

张富清与老伴孙玉兰居住的卧室也就 10 平方米左右，虽然床、柜子、桌子、椅子和一张单人沙发等各样家具挤得满满当当，可是放置得井井有条。靠门的一面墙对着床尾，为了便于行走，只是在墙上挂了一张中国地图和一个石英钟；一张老式的双人床床头靠墙摆在卧室中央，两边各一个床头柜；进门右侧一面的墙边摆着一个衣柜、一个矮柜；靠窗的床头柜上，搁着大儿子张建国与儿媳严义芳结婚时购买的凤凰牌收录机，大儿子淘汰后被张富清拿回了家，当宝贝一样收藏了很多年，收录机上还用一块红布精心地遮盖着以防灰尘；在收录机的上方，墙壁上悬挂着两个四四方方的玻璃相框，相框里装满了一家人 40 余张年代不同、大小各异的照片，那里面有张富清、孙玉兰的单人照，有他们夫妇与四个儿女的合影，有孙子孙女的，有张富清与单位同事的合影照。其中拍摄时间最早的一张是 1953 年 7 月张富清在北京照相馆照的穿军装的半身相，最近的一张是 2017 年 1 月 28 日一大家子照的全家福，上面共有 17 人，年龄最大的是张富清，那年他 93 岁，年龄最小的是他不到一周岁的重孙。窗前摆着的是一张老旧的书桌，不宽余的桌面上堆满了书籍，还放着一个他用了 60 多年的搪瓷缸，白色的搪瓷缸上印有“赠给英勇的中国人民解放军　保卫祖国　保卫和平”等字样，白色的搪瓷掉了好几块，可他没有舍得更换，一直当宝贝一样使用着。在桌面的中间，摆着两本《新华字典》，一本是人民教育出版社出版的，一本是商务印书馆出版的。两本字典封面均已发黑，看不出当初的颜色。张富清说：“人教版的《新华字典》是我 1953 年在北京王府井书店买的，而商务版的《新华字典》是我 1959 年在恩施上党校时买的。两本字典各有所长，它们都是我的老师，是它们教会了我认字，让我由大字不识的文盲，变成了可以读书看报的识字人。”

书桌一旁的窗下摆着一个单人沙发，那是张富清看报读书时坐的。沙发一旁的墙角处，放着助步器、轮椅和义肢。

在那两居室的房间里，无论是漆面斑驳的木家具，还是掉了瓷的搪瓷缸，无论是陈旧的字典，还是散发着浓浓亲情的老照片，无论是发黄的书籍，还是老古董的收录机，无不是张富清平凡普通而又坚守初心、保持本色一生的写照。从每一件物品中，都能追寻到张富清人生的奋斗轨迹，都能看到他朴素的生活境况和富足的精神状态。在一些人眼里，它们是陈旧的、过时的，可它们的存在正是一个共产党员清贫生活的缩影，折射出主人崇高的精神世界。如果用“价值连城”来形容，可能有点言过其实，但是从保持共产党员初心的角度去理解、去衡量、去界定，这些物品可以说是珍贵的。一位资深媒体记者在参观了张富清的住房后，感慨万千地在给一位朋友的微信中写道：

“如果让那些贪得无厌的贪官们来看一看张富清居住的屋子、房子里的摆设，他们一定会如醍醐灌顶，为自己过去的贪婪而心生万分的羞愧；如果让那些信仰上的迷茫者来看一看，他们一定会幡然悔悟，张富清保持共产党人的初心的生活，会像一缕阳光照亮他们的内心，让他们找到自己前行的路标；如果让那些挥金如土的人来看一看，他们就会发现一张床、一张桌、一盏灯，同样也是生活，也可以有乾坤、有追求、有向往、有幸福的别样人生，他们一定会对自己奢华的生活进行再思考，为自己攫取财富永不满足的欲望找到了良方妙药而欣慰。”

唐代著名文学家刘禹锡写过一篇流芳千古的《陋

室铭》，其中一句是这样说的：“斯是陋室，惟吾德馨。”张富清不一定知道刘禹锡，也不一定知道这句话，但这并不代表他不知道“陋室”对于共产党人的意义。他 30 余年住在“陋室”里，从来没有抱怨过房子旧、面积小、楼里没有电梯。即使成了全国人民学习的榜样，当有人提出给他建别墅或换个好一点的大房子时，他也没有动过心。他觉得在“陋室”住了几十年，与房子有了感情，“没有感到哪儿不好”。

其实，人活的就是一种心态，俗话说：“家有黄金万两，不过一日三餐；家有良田万顷，不过三尺卧榻。”在当今大众普遍追求财富和享乐的时代，过一种像张富清这样平淡俭朴的生活，是一种卓尔不群的超脱境界、一种自律修为、一种处世之道。

与张富清夫妇同住的就是他们的大女儿张建珍。张建珍小时候患脑膜炎，受当时医疗条件限制而留下后遗症，后又患轻度癫痫，时常发作，因而终身未嫁，一直与父母亲共同生活。他们三个人，每人都是一身病。三人相亲相爱、相依相靠、相扶相持，谁也无法离开谁，谁也不能缺了谁，就如一个三脚架，缺了哪一只脚，都会站立不稳。张健全形容说：“他们三个人，爸爸动脑子，做决定；妈妈动嘴，当传话筒；大姐是手，稍重一点的体力活由她来完成。”譬如说，上街买菜

张富清的“陋室”里随处可见岁月留痕

XINHUA ZIDIAN
新华字典

购物，买不买由张富清来决定，谈价、付钱由孙玉兰来完成，拎菜、提东西则是张建珍的事。

95岁高龄的张富清，至今脸上少见老人斑，皮肤白净、红润，说话声音响亮，头脑清晰。若不是因为在战争年代当突击队员，一次次炸碉堡时震松了牙齿，他的牙齿不会大部分脱落；若不是因为一次次近距离地炸碉堡，震坏了耳膜，他的听力不会衰退得那么厉害；若他能够重视保养，医疗条件再好一点，他的腿绝对不会拖到最后截肢的地步。除去这些问题，他拥有令许多人羡慕不已的平和心态和健康体格。他的高寿，绝对不是靠药物、补品来维持的，真正的秘诀不过是缘自一颗淡泊名利的心、一个和谐温馨的家庭。他从不跟人比官大、比钱多，从不跟人比吃好的、穿好的、用好的，他过自己平淡俭朴的生活。他们一大家人，从来没有为钱财、为物质闹过意见和矛盾，也从不因一句话说得不妥而心生芥蒂。从张富清家客厅匾牌上书写的“心宽益寿，德高延年”中可以看出张富清的精神追求。张富清一生看淡名利。他除了拥有在战争年代立下的一个个战功外，在和平时期，他再也没有获得任何荣誉；他从不为个人升迁而处心积虑，从不为一己之私而争名逐利。

张富清清廉了一辈子，清苦了一辈子。在过去，他们一大家子人靠他一人的工资生活，日子过得紧巴巴的。儿女们成家立业后，他的经济负担虽然减轻了不少，可一个人的工资既要顾三口人的一日三餐，还要顾日常的零星开支，尤其要顾老伴和大女儿看病买药治病，自然就没有攒下钱来，更别说有大额的存款了。90 年代初，孙玉兰患冠心病到武汉治疗，安装支架需要 12 万元。张富清自然拿不出这笔钱来，他的三个子女建国、建荣、健全为了给母亲治病，经过商量，决定每人均摊 4 万元。那时他们兄妹三人手头上也不宽余，一时都拿不出，可为了给母亲治病，他们不讲困难，没有怨言，三天时间内，各自找亲戚、朋友、同学借够了 4 万元，保证了母亲住院治疗所需资金。

张富清在武汉治病两个月，由张建国、张健全和张建荣的爱人轮流陪护，张建荣和嫂子严义芳及弟妹则在家抢着干家务，把多病的母亲和大姐照顾得无微不至。这种血浓于水的可贵亲情在张富清这个大家庭里体现得淋漓尽致。

张富清从武汉回来凤时，张建国、张健全担心母亲心脏不好，一时接受不了父亲截肢的事实，一路上不停地叮嘱父亲见了母亲后不要流露悲观的情绪，尽量保持过去面对困难时的乐观和从容。而与此同时，在家的姑嫂妯娌几人在得知父亲从武汉上车出发的消息后，才将父亲截肢的前后经过慢慢说与母亲孙玉兰，并一再强调父亲装了义肢，能够站立，劝母亲一定要想得开，见了父亲不要流泪，更不要激动，那样对自己的身体不好，也会影响父亲的康复。儿媳严义芳是孙玉兰学裁缝的师傅严天明的女儿，他们两家在三胡时是患难与共的好朋友。严义芳与张建国既是街坊邻居，还是同学。严义芳嫁到张家后，张富清和孙玉兰一直把严义芳当亲闺女对待，而严义芳也把张富清和孙玉兰当亲生父母一样孝敬，她对婆婆孙玉兰说："爸爸离开谁都可以，唯独不能没有你，你身体好好的，他才活得开心，活得有劲头。"这句话一说，孙玉兰不再流泪，她决心放下一切包袱，轻松自然地迎接张富清回家。

12月的来凤，常常云层低垂，细雨淅淅沥沥，太阳也是时隐时现，空气湿漉漉的，北风一吹，寒冷刺骨。张富清从武汉出院那天，正巧赶上难得的大晴天，太阳是铆足了劲照耀大地。在太阳落山的时候，张富清乘坐的汽车开进了建行家属小院。在他家的楼门口，孙玉兰率领着儿媳、女儿和孙子们站立一排，迎接"一家之主"归来。

汽车停稳。张富清由两个儿子搀扶着下了车。眼前的一幕，让他既惊喜又感动，他没有想到，家人会

老两口每天坚持外出锻炼，孙玉兰陪着张富清在来凤的大街小巷散步

以这种方式迎接自己。亲人的爱像一股暖流涌遍全身，他不由得热泪盈眶，站在原地停顿了好一会儿，待心情稍稍平复后，才对站成一排的亲人们说："你们搞得像迎接从战场上凯旋的英雄似的！"

孙玉兰上前握住老伴的手说："你这次做手术与打一场仗没有什么区别，我们一家人在这儿就是迎接打了胜仗的英雄凯旋。"

人进屋，菜上桌。

小餐桌用了几十年了，桌面被擦得光洁发亮，木材的纹路清晰地显露出来。在漫长的岁月里，它上面承放的永远只是萝卜白菜之类的家常菜。朴素的生活更是一种自然的风景，家常便饭照样孕育人间的温馨，一家人和和睦睦，自然其乐融融、幸福无比。

其实，随着年岁的增高，张富清的一日三餐更是简单，早餐是一小碗煮挂面，中午是米饭、蔬菜，晚上是一小碗开水泡饭。

今天的餐桌上特意加了一个火锅——一盆排骨炖莲藕。张富清稍事休息后才坐到靠墙的老位置上。一一坐定后，一家人有说有笑地开始吃晚餐，尽享天伦之乐。

二十六、初心永恒

2019年的春天，来凤这座毫不起眼的小城因老英雄张富清而名扬神州大地。一时之间，全国各大新闻媒体的记者，从四面八方纷至沓来，采访深藏功名60余载的老英雄张富清。

有的人稍有一点成绩，就担心旁人不知，四处宣扬、广而告之；有的人哪怕是血洒疆场为人民立了大功，也不动声色。张富清即是后者。他深藏功名60余载之后，经各种媒体报道，成为2019年开年后一件轰动的事情。

眼见媒体宣传的热潮一浪高过一浪，张富清心里很不高兴，也很不安。自己隐藏了一辈子，60多年不曾对任何人讲过的功勋，现在竟然被铺天盖地地到处宣扬。想起那些在战斗中牺牲的战友，他心里时常像被人用锥子扎了一般。他实在不能忍受了，他要好好地跟儿子健全谈一谈。

不知是张健全工作忙，还是刻意回避他，一连几天，他连张健全的人影也见不到。

终于等到一个上午，张健全满脸喜悦地回了家，进屋正准备对老人说一件喜事，却见老父亲满脸不高兴，就问父亲是不是身体哪儿不舒服。张富清用手一指胸前，不再说话。

张健全吓了一大跳，赶忙问："是心闷？"

张富清说："当初不是说好了，只是为了登记才拿出那些军功章的。现在报纸电视宣传那么厉害，是干什么？"

张健全只好搪塞说："人家媒体要宣传，我有什么办法。"

张富清说："当初就不应该听你的，接受他们的采访。"

见父亲埋怨，张健全心想现在也没必要再跟父亲绕圈圈了，于是直截了当地说："现在可由不得您老人家了，据新华社的记者讲，你的事迹总书记都知道了。"

张富清一听差点站起来，说："就我那点功，为老百姓做的那点事，总书记都知道了？"

张健全顺水推舟地说："总书记不仅知道了，还作了重要指示。"

张富清像不认识儿子似的，瞪着眼睛看了张健全好一会儿说："是真的？把大意说说。"

原来，张富清深藏功名的事迹被武汉一家媒体宣传报道后，顿时在社会上引起强烈反响，各大新闻媒体记者纷至沓来。他们在采访张富清之前，首先必须经来凤县委宣传部批准，然后再由张健全根据父亲的时间和身体状态做出安排。所以不少记者在稿件刊登前，都会打电话通知张健全一声，以便张健全尽早掌握情况。张健全拿出手机说：“一个媒体朋友发来消息，明天各大报纸将全文刊登习总书记对您先进事迹作出的重要指示，具体内容我也不清楚，明天早晨就知道了。”

张富清听了不再吭声。张健全趁热打铁地说：“这下你可别再批评我了，宣传好你的事迹，总书记有批示，党中央有要求，你可得听党的话，不能再对我有意见了。”

张富清愧疚地说：“我做的那点事，与牺牲的战友比，算得了什么呢？如今我还活着，可战友们为了新中国的解放都牺牲了，我有什么资格拿那些军功章去显摆。”

第二天，也就是2019年5月24日，各大新闻媒体全文刊登播报了中共中央总书记、国家主席、中央军委主席习近平对张富清同志先进事迹作出的重要指示。指示强调，老英雄张富清60多年深藏功名，一辈子坚守初心、不改本色，事迹感人。在部队，他保家卫国；到地方，他为民造福。他用自己的朴实纯粹、淡泊名利书写了精彩人生，是广大部队官兵和退役军人学习的榜样。要积极弘扬奉献精神，凝聚起万众一心奋斗新时代的强大力量。与此同时介绍了张富清的简要事迹。

一辈子谦逊做人的张富清看后，激动而喃喃自语地说："总书记给的评价太高了，我做得不够啊！太不够了！"

2019 年 7 月 26 日，习近平在北京会见了全国退役军人工作会议全体代表。60 多年前，张富清为参加抗美援朝战争，在北京有过短暂停留。60 多年后，他作为全国退役军人模范代表再一次进京，受到了习近平总书记的亲切接见。在合影现场，习近平总书记俯下身，双手紧握住张富清老人的手，同他亲切交谈，并致以诚挚问候。张富清激动地说："感谢总书记，感谢党中央。我是党培养的，我要跟紧党走，做一名党的好战士。"习近平总书记说："你都做到了。你是全党全国人民的楷模！保重身体，健康长寿。"

习近平总书记一句"你都做到了"，是多么高的评价啊！一句"你是全党全国人民的楷模"，是多么崇高的荣誉啊！一句"保重身体，健康长寿"，是多么亲切的关怀啊！张富清当即感动得热泪盈眶。

与父亲相比，张健全时常深感自愧不如。父亲一辈子不为把官做多大，只为在平凡的岗位上把为人民服务这件事做多好。父亲从 1955 年任来凤县城关镇粮油所主任到1984年年底从建设银行来凤支行副行长任上离休，近30年时间里，换了一个又一个岗位，担任了一个又一个职务，可他的级别始终定格在了副科级原地不动。与他在三胡公社、卯洞公社等单位共过事的班子成员，基本上都被提拔了，级别最低的也是副县级。

对此，董香彩主任不无感慨地说：“在做官的问题上，谁也没有张富清同志看得开。他做事情从来不是为了升官，几十年兢兢业业，直到离休了，还是个副科，可他从来没有为提拔的事找过领导，也没有任何怨言。他的家属孙玉兰是他响应党的号召，在困难时期主动精减下的岗，后来形势好了，政策也允许，我在县上当主要领导，他完全可以找我，把家属工作恢复了。每次我见他，都问他有什么困难需要组织解决，可他每次都说没有。现在想起来，当时我应该主动给孙玉兰恢复工作，不说每个月拿多少钱，起码对她看病有利。每当想起这件事，我心里很愧疚，觉得对不起这样不计名利、不计个人得失的德高望重的老领导。

“张富清的境界和觉悟，不是一般人所能达到的。有人对他深藏功名60余年不理解，其实只要把他的经历从头至尾看一看想一想，你就会肃然起敬，就会惊愕地发现，在我们千千万万的共产党员队伍中，还有不少像张富清同志这样，不为做官，只为为人民服务，不为功名，只为为党的事业多做有益的事情，不为享受，只为坚守初心为民奋斗的优秀共产党员。与张富清同志相比较，我们现在的个别党员领导干部，虽然文化水平、个人能力都够了，但缺少的就是张富清同志的淡泊名利的思想。刚当上镇长，就想着当镇党委书记；刚担任镇党委书记不久，就想进县委班子；进了县委班子，又思谋当县长、县委书记……在这些人的脑子里，成天想的是如何升官，不是去想如何更好地为人民服务，这一点很是让人忧心。”

董香彩的一番肺腑之言，既充满对张富清为人处世的敬佩之情，也流露出他对官场中不良风气的担忧。董香彩毕业于华中师范大学，在当时的来凤算是文化水平较高的领导干部，他在卯洞公社工作期间，经常与张富清一道下乡。张富清常说，当干部的不要老坐在办公室里，要到基层一线去，到老百姓中间去，与他们一同劳动，一同生活，那样才能体会到老百姓的疾苦和愿望。耳濡目染中，张富清的一言一行对董香彩产生了深刻的影响，他后来担任县上的主要领导，始终坚持年轻干部要放到基层去摔打，“要让他们知道老百姓的疾苦和难处”。

张富清不仅能吃苦，而且一辈子坚守清廉为官。无论是当粮油所所长，还是当粮食局副局长，无论是担任三胡区副区长，还是担任卯洞公社革委会副主任，他都分管机关、财政、供销社等，可以说有一定的实权，但他从不以权谋私，始终是两袖清风。他是真正地清廉了一辈子，甘愿吃苦了一辈子。他的三个孩子（老大张建珍身体有病不能工作）都是凭自己的本事考学，毕业时走正常分配程序获得一份工作，没有一人沾他半点光。

对于父亲做官几十年原地不动，张健全说自己非常理解；至于与父亲一起共事的同志进步提升，他同样能够理解。他说，每个人都有自己的追求，每个人都有适合自己的岗位，每个人都有自己成长进步的空间。

在个人职务晋升的问题上，张富清就从不与同事比、与部属比，因为他从来没有去想把官做多大，他只是想把党交给的任务完成好，让党满意，让人民群众满意。

张富清自从听了儿子健全告诉他全国各大媒体宣传他的经过后，不再埋怨儿子，并积极表示听总书记的话，听党的话，配合党组织搞好宣传，为“不忘初心，牢记使命”主题教育贡献自己的余热。

7月，雨后的晚霞染红了翔凤山，染红了西水河，染红了张富清家客厅的半面墙壁。张富清望着那血红的晚霞，仿佛置身于红旗猎猎、军号声声、硝烟弥漫的战场。

张富清笔直地端坐在沙发上，每讲完一段征战的往事，他都会停下来，喘口气，歇一歇，就像爬了一段又陡又长的山路。

张健全听了父亲讲述的战斗经历后，大惑不解，问父亲："突击队，就是敢死队，组织上为什么老让你当突击队员？"

一听儿子说"突击队员"四个字，张富清两眼放光，挺了挺胸脯，说："当突击队员，是组织对你的信任！如果是一个胆小鬼、一个脑瓜不灵活的人、一个对党不忠诚的人，想当还没有资格哩！"

张健全还是有点不明白，继续问："为什么这样说？"

张富清说："如果是一个胆小鬼，他就完成不了炸碉堡的任务；如果对党不忠诚，他要么临阵脱逃，要么临阵投敌。无论是前者还是后者，都会给攻城拔寨造成巨大的损失，因为在战场上每分每秒都有人为胜利而牺牲。"

一直以来，张健全都对父亲不怕死的劲头充满了

给心爱的蟹爪兰浇浇水

不解和好奇。他问：“子弹又不认人，你就不怕死？”

张富清自豪地对儿子说：“我打仗的秘诀就是不怕死，决定不怕死的关键是信仰和意志。只要党和人民需要，我情愿光荣牺牲，那就正如毛主席所说，为人民利益而死的，就比泰山还重。想明白了这个道理，自然就不怕死了！”

张健全不仅读过毛主席的《为人民服务》，还能全文背诵。听了父亲的话，他情不自禁地背诵道：“人总是要死的，但死的意义有不同。中国古时候有个文学家叫作司马迁的说过：‘人固有一死，或重于泰山，或轻于鸿毛。’为人民利益而死的，就比泰山还重；替法西斯卖力，替剥削人民和压迫人民的人去死，就比鸿毛还轻。张思德同志是为人民利益而死的，他的死是比泰山还要重的。”年少时他只是按照老师的要求把这篇重要的课文背下来，长大工作后，也多次重温这个闪光的名篇，但在理解上总是无法深入。他也知道为人民利益而死是光荣的，但依然不能从感性上升到理性的高度。听了父亲的一席话，他茅塞顿开：“我总算明白了，你之所以不怕死，是你明白了为人民而死的光荣意义，为人民服务也就成为你一生的信仰，成为你战胜一切困难的力量源泉。”

张健全的理解，令张富清十分满意。他说：“为人民服务就是我一生的信仰和意志。”

张富清的回答，袒露的正是他浴血疆场、冲锋在前、英勇杀敌的法宝，也揭开了他深藏功勋、淡泊名利、一心为民的密码。

正如一位记者在一篇报道中所写的那样：“任凭岁月磨蚀，张富清老人朴实纯粹的初心，滚烫依旧，感召日月。莫道无名，人心是名，在张富清心里，人民幸福就是最大的功名。”

有一次，张健全见父亲与前来采访的记者、作家谈兴正浓，便对父亲说：“你就再讲一个当突击队员时炸碉堡的故事吧！”

张富清深思良久，又开启了他封存已久的回忆。战斗的经过是这样的：

壶梯山战斗于当天下午胜利结束，敌八十二团团长董文轩率领仅剩的几十个残兵逃下了壶梯山。敌前线总指挥裴昌会察觉我军决心吃掉钟松三十六师的意图后，马上命令第三十师放弃韩城，向王庄附近的钟松部靠拢，同时命令驻澄城的整编第三十八师第十七旅王栋部北进至王村镇，以加强兵力。钟松在壶梯山失守后，害怕重遭沙家店命运，按照预先方案，余下部队全部后撤，做梯次配置，采取逐级抵抗。敌第二十八旅撤至塔虎村至露进一线，敌第一六五旅速撤至王村镇。钟松率师指挥所及直属部队转移至王村镇南四里之外的杨家凹，整编第一二三旅担任师部撤退掩护。敌第二十八旅旅长与钟松素有嫌隙，对钟松分配的掩护任务极为不满，为保存残余部队，他下令关闭电台，撤到安全地带。钟松气得咬牙切齿，也无可奈何。撤退中，第一二三旅、第一六五旅、师直属部队拥挤在一条道上，人、马、车相互冲撞践踏，场面极其混乱。敌人的撤退，正是我军反击的大好时机。西北野战军奉彭德怀司令员命令，全线乘胜追击。杨家凹又成为主攻的战场，三五九旅又成为攻击敌人核心的主力部队。

在杨家凹战斗中，敌人以寨子为核心构筑工事，梦想阻挡我军的追击步伐。我军先是利用大炮进行了猛烈的轰击，在炮火的硝烟中，随即展开了冲锋。没想到敌人在寨子门外设了暗堡，强大的火力让我军官兵举步维艰。趴在壕沟边的李连长高喊："突击队员，给我上！"张富清猫腰跑到连长跟前，连长这才想起在壶梯山战斗中其他突击队员已经全部牺牲，仅剩下了张富清这个突击组长。连长说："换人，我得让突击队留个种！"战斗每时每刻都在死人，容不得商量，容不得耽搁一分一秒的时间。张富清不由分说，带着一名战士从侧面迂回冲了上去。

连长在他身后高声吼道："富清，机智点儿，你可得活着回来！"连长的嘶吼声，很快被重机枪的咆哮声淹没。

8月盛夏，炎炎烈日炙烤着大地。张富清因为跑得急，额头上的汗珠子直往下滚，他时不时就得用袖子擦一下汗，要不然就会流到眼睛里，蜇得睁不开眼。他全身的衣服也被汗水浸透了，就像遭雨水淋了一般。

暗堡里的机枪嗒嗒嗒地响着，看着战友一个个倒在冲锋的路上，张富清一时急了眼，顾不得生死，满脑子想的是如何接近并炸掉那个要人命的碉堡。张富清吸取前面几个牺牲了的战友的教训，不是直接往上冲，而是迂回前行，借着敌人挖的战壕运动到了那个暗堡一侧，将身上仅剩的四颗手榴弹捆在一起。他贴着碉堡，一步一步靠近了碉堡的射击孔，然后以最快的速度将手榴弹塞入孔中。

随着轰的一声巨响，敌人的土木工事被掀上了半空。

"嘟——嘟——嘟——"的冲锋号声再次响起，"冲啊——杀啊——"的吼叫声响彻杨家凹……

最终，坚守杨家凹的敌第一二三旅三八六团被全歼，据守王村镇的敌第四九五团除一部突围外均被消灭。钟松设在杨家凹的临时师部被我三五九旅官兵占领，鲜红的中国人民解放军"八一"军旗插在了杨家凹最高的土丘上，在万里无云的碧空中，是那样耀眼夺目。杨家凹战场渐趋平静，硝烟正随风逐渐散去，只余山头上的一缕轻烟在蓝天下袅袅上升，直到最后消失在关中平原的上空。

黄昏前，杨家凹战场打扫结束。张富清和他的战友们押着俘虏，背着缴获的武器，唱着凯歌，朝着新的宿营地出发……

张富清缓缓讲述完杨家凹战斗的往事，良久，他还沉浸在失去战友与取得胜利的百感交集的情绪中。如今流血牺牲已经成为辉煌的历史，于当年征战的张富清而言，那是一场战斗的结点，更是新战斗的起点。

初心永恒，光照一生。前进的路上纵有千难万险，张富清仍然会以突击队员的身姿，一如既往冲向前方。

“向前！向前！向前！”这是一首催人向前的战歌。张富清一唱就是一辈子。如今他虽处耄耋之年，可依然激情满怀，不忘初心，砥砺向前。一如烈士陵园里那高耸入云的持枪战士雕像冲锋向前的姿势一样，一如那滔滔不绝奔腾不息的西水河一般，只要生命不息，他就会永远向前，永远向前……

附录一

中宣部授予张富清“时代楷模”称号

本报武汉 6 月 17 日电（记者　程远州）　为贯彻落实习近平总书记重要指示精神，中央宣传部在湖北省来凤县向全社会发布张富清的先进事迹，授予他“时代楷模”称号。

习近平总书记对张富清同志先进事迹作出重要指示强调，老英雄张富清 60 多年深藏功名，一辈子坚守初心、不改本色，事迹感人。在部队，他保家卫国；到地方，他为民造福。他用自己的朴实纯粹、淡泊名利书写了精彩人生，是广大部队官兵和退役军人学习的榜样。要积极弘扬奉献精神，凝聚起万众一心奋斗新时代的强大力量。

张富清是原西北野战军三五九旅七一八团二营六连战士，在解放战争的枪林弹雨中九死一生，先后荣立一等功三次、二等功一次，被西北野战军记“特等功”，两次获得“战斗英雄”荣誉称号。1955 年，张富清退役转业到湖北省最偏远的来凤县工作，

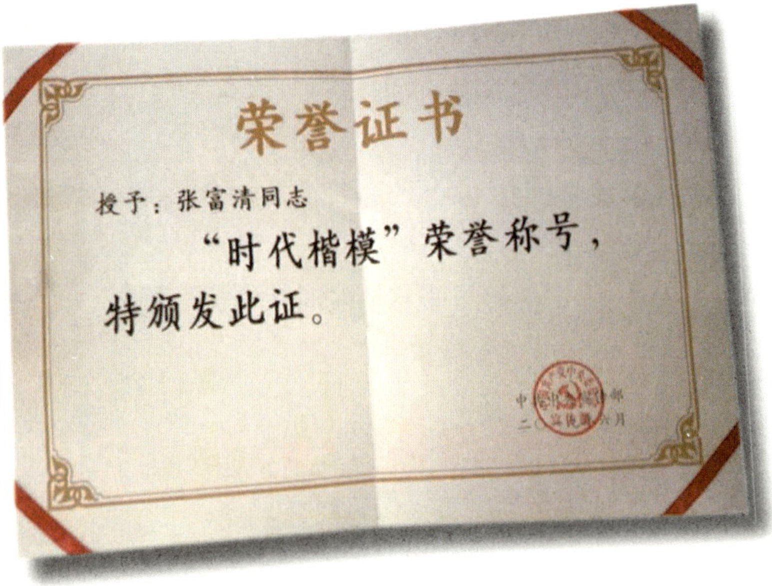

为贫困山区奉献一生。60 多年来，张富清刻意尘封功绩，连儿女也不知情。2018 年年底，在退役军人信息采集中，张富清的事迹被发现，这段英雄往事重现在人们面前。

近一段时间以来，张富清的先进事迹经新闻媒体广泛报道后，在全社会引起强烈反响，广大干部群众特别是基层党员干部通过多种方式，表达对他的由衷敬佩。大家认为，他的先进事迹体现了对党忠诚、甘于奉献、淡泊名利的崇高精神，生动诠释了一名共产党员坚守初心、不改本色的高贵品质，不愧为全社会学习的榜样，不愧为时代的楷模。大家表示，要积极响应习近平总书记号召，以张富清为榜样，积极弘扬奉献精神，不忘初心、牢记使命，淡泊名利、砥砺前行，努力做新时代的奋斗者，以优异成绩向新中国七十华诞献礼，为实现中华民族伟大复兴的中国梦作出更大贡献。

“时代楷模”发布仪式在湖北省来凤县举行，现场宣读了《中共中央宣传部关于授予张富清同志“时代楷模”称号的决定》，播放了反映张富清先进事迹的电视片。发布单位有关负责同志，“时代楷模”张富清的亲友、同事及社会各界代表等参加。

《人民日报》2019年6月18日4版

附录二

中共中央关于授予张富清同志“全国优秀共产党员”称号的决定

（2019 年 6 月 27 日）

新华社北京 6 月 27 日电　2019 年 4 月 21 日，习近平总书记对中国建设银行湖北省分行来凤支行离休干部张富清同志先进事迹作出重要指示强调，老英雄张富清 60 多年深藏功名，一辈子坚守初心、不改本色，事迹感人。在部队，他保家卫国；到地方，他为民造福。他用自己的朴实纯粹、淡泊名利书写了精彩人生，是广大部队官兵和退役军人学习的榜样。要积极弘扬奉献精神，凝聚起万众一心奋斗新时代的强大力量。

为深入学习贯彻习近平总书记重要指示精神，表彰先进、弘扬正气，激励和引导广大党员、干部、部队官兵和退役军人不忘初心、牢记使命，见贤思齐、矢志奉献，党中央决定，授予张富清同志“全国优秀共产党员”称号。

张富清，男，汉族，1924 年 12 月出生，陕西洋县人，1948 年 3 月参加中国人民解放军，1948 年 8 月加入中国共产党，1955

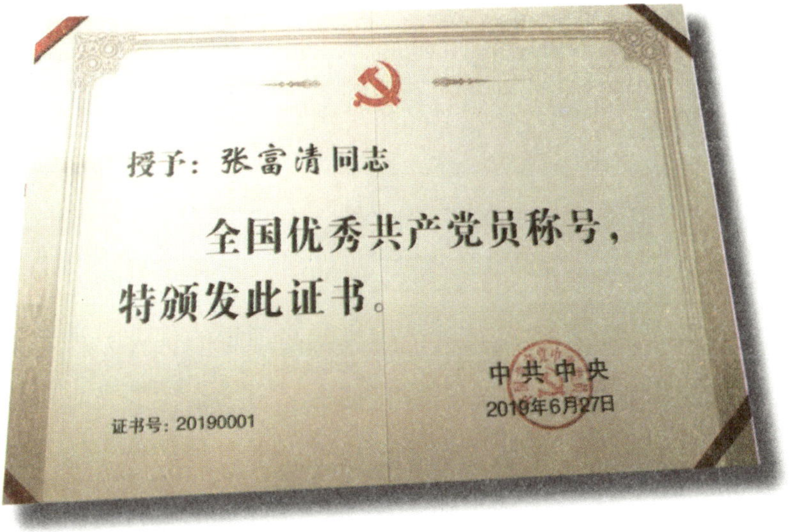
授予：张富清同志
全国优秀共产党员称号，
特颁发此证书。
中共中央
2019年6月27日
证书号：20190001

全国优秀共产党员

年1月转业到湖北省恩施土家族苗族自治州来凤县，先后在城关粮油所、县粮食局、县纺织公司、三胡区、卯洞公社、县外贸局、县建设银行工作，1984年12月离休。张富清同志在解放大西北系列战斗中英勇善战、舍生忘死，荣立西北野战军特等功一次、军一等功一次、师一等功一次、师二等功一次和团一等功一次，并被授予军“战斗英雄”称号、师“战斗英雄”称号和“人民功臣”奖章。

张富清同志是始终践行共产主义崇高理想的优秀党员，是新时代中国共产党人不忘初心、牢记使命、永远奋斗的光辉典范，是广大党员、干部、部队官兵和退役军人学习的榜样。他对党的事业无限忠诚，在革命战争年代冲锋陷阵、不怕牺牲，在祖国建设时期坚决服从组织安排，扎根偏远落后贫困山区，用持之以恒的坚守，践行一名共产党员“随时准备为党和人民牺牲一切”的初心和誓言。他转业后深藏功名60余年，除向组织如实填报个人情况外，从未对身边人说起过赫赫战功，更不以此为资本向组织提要求、要待遇。他数十年如一日甘于奉献、勇挑重担，不讲条件、不计得失，一心一意干好每件工作，以满腔热情在艰苦环境中尽职尽责、苦干实干。他虽然家中曾遭遇困难，但始终严于律己，艰苦朴素无所求，从不利用职务之便为亲属谋利，赢得了党员群众的广泛赞誉。

党中央号召，广大党员、干部、部队官兵和退役军人都要向张富清同志学习。要像张富清同志那样坚守初心、对党忠诚，不论处于哪个时代、身在哪个岗位，始终保持崇高信仰，坚决听党话、永远跟党走，自觉用习近平新时代中国特色社会主义思想武装头脑，真正做到“党指到哪儿，就打到哪儿”，“党需要我到哪里去，我就到哪里去”。要像张富清同志那样淡泊名利、甘于奉献，始终保持一份朴实纯粹，做到计利国家、无私忘我，在祖国最需要的地方艰苦奋斗、建功立业，在平凡的岗位上苦干实干、创造实绩。要像张富清同志那样恪尽职守、担当使命，干一行爱一行，勇挑最重的担子，敢啃最硬的骨头，在关键时刻和危急关头豁得出、顶得上，把革命理想信念化为行动的力量。要像张富清同志那样一辈子清廉自守、克己奉公，清清白白做人、干干净净做事，自觉践行共产党人价值观，始终保持共产党人的政治本色。

各级党组织要把学习张富清同志先进事迹与深入学习贯彻习近平新时代中国特色社会主义思想和党的十九大精神结合起来，作为“不忘初心、牢记使命”主题教育重要内容，采取多种形式学习英雄、宣传英雄。要引导广大党员、干部、部队官兵和退役军人以英雄人物为榜样，坚定理想信念，提高政治觉悟，真抓实干、开拓进取，知重负重、攻坚克难，更加紧密地团结在以习近平同志为核心的党中央周围，为决胜全面建成小康社会、夺取新时代中国特色社会主义伟大胜利、实现中华民族伟大复兴的中国梦作出更大贡献。

附录三

张富清等被表彰为“全国模范退役军人”

中国军网北京 7 月 26 日电 在全国上下隆重庆祝中华人民共和国成立70周年、中国人民解放军建军92周年之际，7月26日，在全国退役军人工作会议上，人力资源和社会保障部、中共中央组织部、退役军人事务部、中央军委政治工作部等军地相关部门联合表彰张富清等401名同志为“全国模范退役军人”，表彰北京市通州区光荣院、中国人民解放军32122部队等91个单位为“全国退役军人工作模范单位”，表彰闫永杰、肖哲等76名同志为“全国退役军人工作模范个人”。

党的十八大以来，在以习近平同志为核心的党中央坚强领导下，广大退役军人保持和发扬人民军队光荣传统和优良作风，不忘初心、永葆本色，到党和人民最需要的地方建功立业，赢得了全社会的广泛赞誉；地方各级退役军人管理保障机构和军队各级组织、广大退役军人工作者，坚持改革创新，勇于攻坚克难，推

动新时代退役军人工作取得明显发展，涌现出一批先进典型。为表彰先进、弘扬正气，今年5月，军地相关部门决定组织开展全国模范退役军人、全国退役军人工作模范单位及个人评选表彰，经逐级推荐、组织考察、初审复审、社会公示等程序，最终确定受表彰对象。

这次受表彰的全国模范退役军人，是退役军人中的优秀代表，在各自岗位作出骄人业绩、活出精彩人生，为广大退役军人树立了标杆。受表彰的全国退役军人工作模范单位及个人，敢于担当、积极作为，满腔热情服务保障、真心实意排忧解难，为退役军人工作作出突出业绩，是各级退役军人管理保障机构和退役军人工作者学习的榜样。结合这次表彰，军地相关部门号召，要大力宣扬受表彰单位及个人的先进事迹，将其作为“不忘初心、牢记使命”主题教育的生动教材，教育引导广大退役军人坚守初心使命，激励推动各级退役军人管理保障机构及退役军人工作者见贤思齐、比学赶超，为决胜全面建成小康社会、夺取新时代中国特色社会主义伟大胜利、实现中华民族伟大复兴的中国梦作出新的更大贡献。

附录四

关于表彰第七届全国道德模范的决定

新华社北京 9 月 5 日电 各省、自治区、直辖市和新疆生产建设兵团精神文明建设委员会，中央精神文明建设指导委员会各成员单位：

党的十八大以来，以习近平同志为核心的党中央高度重视社会主义精神文明建设特别是思想道德建设。习近平总书记多次亲切会见全国道德模范，就加强社会主义思想道德建设，发挥道德模范的榜样作用，作出一系列重要指示，为推进思想道德建设指明了前进方向，提供了根本遵循。近年来，各地区各部门以习近平新时代中国特色社会主义思想为指导，深入学习贯彻党的十九大和十九届二中、三中全会精神，深入学习贯彻全国宣传思想工作会议精神，增强“四个意识”、坚定“四个自信”、做到“两个维护”，坚持守正创新，紧紧围绕举旗帜、聚民心、育新人、兴文化、展形象的使命任务，大力培育和践行社会主义核心价值观，深入推进思想道德建设，广泛开展道德模范宣传学习活动，大力弘扬模范精神，持续深化道德实践，涌现出一大批先进典型，在全社会形成崇德向善、见贤思齐、德行天下的浓厚氛围。

为充分展示思想道德建设的丰硕成果，凝聚全社会向上向善的强大力量，以新时代社会主义思想道德建设的新进展新成就庆祝新中国成立 70 周年，今年 3 月起，中央宣传部、中央文明办、全国总工会、共青团中央、全国妇联、中央军委政治工作部组织开展第七届全国道德模范评选表彰活动。按照从严把关、优中选优的原则，经过严格规范的评选程序，中央文明委决定，授予张富清等 58 位同志第七届全国道德模范荣誉称号，授予张佳鑫等 257 位同志第七届全国道德模范提名奖。希望受到表彰的同志不忘初心、牢记使命，珍惜荣誉、再接再厉，继续发挥榜样示范作用，激励引导人们争做崇高道德的践行者、文明风尚的维护者、美好生活的创造者。各地区各部门要广泛宣传道德模范的先进事迹，大力弘扬道德模范热爱祖国、奉献人民的家国情怀，自强不息、砥砺前行的奋斗精神，积极进取、崇德向善的高尚情操，营造崇尚关爱模范的浓厚氛围。要着力培养担当民族复兴大任的时代新人，着力弘扬共筑美好生活梦想的时代新风，培育和践行社会主义核心价值观，推进社会公德、职业道德、家庭美德、个人品德建设，着力构筑中国精神、中国价值、中国力量，促进全体人民在理想信念、价值理念、道德观念上紧紧团结在一起，为奋进新时代、共筑中国梦提供强大精神力量和道德支撑。

中央精神文明建设指导委员会

2019年9月5日

附录五

张富清荣获“共和国勋章”

中华人民共和国国家勋章和国家荣誉称号颁授仪式（2019年9月）29日上午在北京人民大会堂金色大厅隆重举行。中共中央总书记、国家主席、中央军委主席习近平向国家勋章和国家荣誉称号获得者颁授勋章奖章并发表重要讲话。

中共中央政治局常委李克强、栗战书、汪洋、赵乐际、韩正，国家副主席王岐山出席颁授仪式。中共中央政治局常委王沪宁主持。

9时许，国家勋章和国家荣誉称号获得者集体乘坐礼宾车从住地出发，由国宾护卫队护卫前往人民大会堂。人民大会堂东门外，高擎红旗的礼兵分列道路两侧，肩枪礼兵在台阶上庄严伫立，青少年热情欢呼致意。国家勋章和国家荣誉称号获得者沿着红毯拾级而上，进入人民大会堂东门。党和国家功勋荣誉表彰工作委员会领导同志在这里集体迎接他们到来。

共和国勋章
证书
根据《中华人民共和国国家勋章和国家荣誉称号法》，第十三届全国人民代表大会常务委员会作出决定，授予 张富清 共和国勋章，以表彰其在共和国建设和发展中作出的巨大贡献。
中华人民共和国主席
2019 年 9 月 17 日

人民大会堂金色大厅，气氛热烈庄重。巨幅红色背景板上，共和国勋章、友谊勋章、国家荣誉称号奖章图案熠熠生辉。背景板前，18 面鲜艳夺目的五星红旗分列两侧，18 名英姿挺拔的解放军仪仗队礼兵在授勋台两侧持枪伫立。

王沪宁宣读习近平签署的中华人民共和国主席令。主席令指出，为了庆祝中华人民共和国成立 70 周年，隆重表彰为新中国建设和发展作出杰出贡献的功勋模范人物，弘扬民族精神和时代精神，根据第十三届全国人民代表大会常务委员会第十三次会议的决定，授予于敏、张富清等 8 人共和国勋章，授予劳尔 · 卡斯特罗 · 鲁斯等 6 人友谊勋章，授予叶培建等 28 人国家荣誉称号。

后 记

为新时代立一座雕像

英雄都是不同凡响的人，可英雄也是普通的凡人。正如2019年9月29日习近平总书记在中华人民共和国国家勋章和国家荣誉称号颁授仪式上的讲话中指出的那样："英雄模范们用行动再次证明，伟大出自平凡，平凡造就伟大。"如果用凡人的标高来衡量英雄，英雄便像巨人一样超然独立，超于凡人的不同寻常之处正是英雄的特有光芒。这是我在完成《张富清传》一书后对老英雄最深切的体会和感受。

在我的写作生涯中，一直有一个梦想、一个情结，那就是为心中最敬仰的英雄写一部传记。2016年我有幸作为军队代表参加了中国作协第九次代表大会，在人民大会堂现场聆听了习近平总书记在开幕式上的重要讲话，他指出："祖国是人民最坚实的依靠，英雄是民族最闪亮的坐标。歌颂祖国、礼赞英雄从来都是文艺创作的永恒主题，也是最动人的篇章。"会后，我当即写下了名为《礼赞英雄》的体会感言。自此，为英雄树碑立传的意念越发地强烈，澎湃的文思涌动，驱使我接二连三地创作了纪实文学《最先到达的长征》（作家出版社 2018 年出版）、中篇小说《昌能的勋章》（《解放军文艺》2019 年第 7 期刊载），还写了一个英雄坎坷人生与国家命运紧密相连的长篇小说。

2019 年的春天，圆梦的机会不期而遇。深藏功名 60 余载的张富清，一夜之间成为“网红”，国内大报小报、各类新兴媒体，无不重磅连篇进行宣传、报道，他的感人事迹顿时传遍神州大地。张富清这位 95 岁的老英雄，不仅受到了媒体记者的关注，同时也受到了文学作家的青睐。就在我跃跃欲试加速准备从西安前往来凤采访老英雄张富清的时候，从北京传来一条消息，一位名家正受命在来凤采访。我要不要继续前往？一时内心很是矛盾。有人说，凑那个热闹干什么，容易撞车不说，也很难写出新意来；也有师者直言，他写他的，你写你的，能不能让读者认可，凭的是作品的质量，而不是作家的名气。师者的真知灼见，让我信心倍增，我以万丈的豪情，立志为新时代立一座英雄的雕像。

综观老英雄张富清的人生长河，可谓沧海桑田，坎坷曲折，写作者需要完全进入他的生活，才能对他平凡而伟大的人生有一个准确的认知。我虽然是湖北人，却并没有到过来凤，在相关部门的大力支持下，我利用整整七天的时间，走访了张富清工作过的三胡乡、革勒车镇、百福司镇以及高洞等地方，与所有跟张富清共事过、交往过的老部下、知情人进行了面对面的交流。通过与当年的铁匠杨圣师傅交谈我得知，20 世纪 60 年代中期他曾经受张富清指派，为革勒车镇二龙山小水坝设计加工水轮发电机。为掌握这件事的第一手资料，我又专门跑了一趟革勒车镇的二龙山。那天上午风雨大作，沿途是一条弯曲陡峭的盘山公路，靠山体的一面时不时有碎石土块滚落，靠山崖的一面为土石方所填，土石方经暴雨冲刷极有可能随时塌方，好在司机驾驶经验丰富、技术高超，再加上“猛士”马力强劲，保证了往返安全无恙。暴雨之中，我立于水电站一旁，看滔滔河水，听急流冲击水轮发电机的轰鸣，眼前仿佛出现了 50 多年前革勒车镇的百姓对“忽如一梦光明来，千家万户灯光亮”的欣喜与狂欢的一幕。在鸡爪山绝壁下的公路上，我久久地伫立于崖石下的拐枣树旁，听廖大全讲述当年张富清带领高洞群众开山炸石修路的点点滴滴，看那悬崖峭壁上的人影，仿佛一如张富清攀岩时留下的永恒印记。

在完成所有的外围采访后，最后只剩下见老英雄张富清本人了。出于对老人身体状况的考虑以及对其家庭隐私的保护，当时上级有要求，未经相关部门批准，来凤县委宣传部不得安排媒体记者和单位采访、慰问张富清老人。经过几番沟通，我终于在一个雨过天晴彩霞满天的下午见到了张富清老人，我怀着激动的心情向老人询问了提前拟好的 20 多个问题，并与老人合影，经老人允许在他家中拍照。

回西安后，我又抽出时间专程到张富清的出生地汉中洋县进行了探访。马畅镇双庙村是老英雄张富清的故乡。70 年间，乡村变迁，如今在双庙村难寻过去的印记，双庙早已不见踪影，张富清家的三间土坯房也只“幸存”一间，矮趴趴孤零零地立在一片小楼的空隙中，成了英雄诞生、成长的唯一见证。为了弘扬英雄精神，号召社会学英雄、尊英雄，县、镇两级政府对那间随时都有可能倒塌的房子进行了抢救性维修，在原址上建起了村史馆，以宣传、弘扬张富清的先进事迹。村史馆现已成为全社会和党员干部的教育基地。马畅镇学习张富清事迹不仅快，而且实；不仅大街小巷挂起了张富清的挂像，立起了事迹宣传栏，而且开展了一系列学习张富清事迹的重大活动。马畅镇党委书记蔡俐辉说：“张富清老英雄是我们马畅镇人，是我们马畅镇走出去的英雄，是全体马畅镇人的骄傲，我们要以他为榜样，在学习弘扬他的先进事迹活动中，争当排头兵，走在时代的前列。”所到之地，所见所闻，让我深深感到，老英雄的峥嵘岁月、波澜人生，比想象的还要精彩，他那些看似平凡其实不平凡的生活经历最终像来凤的酉水河一样汩汩流淌，在我的脑海里汇聚成为汪洋恣肆的创作激流。

如何写出与老英雄崇高道德相吻合、精神境界相一致，既有思想高度又不乏艺术价值的文学作品，像一座高山横亘在我的面前。回首张富清的一生，需要我从他 95 年的人生长河中找到指引他成长的灯塔，发现贯穿他一生的思想脉络。最终我从大量的采访素材中，从主人翁的成长足迹中，发现了一个照耀他一生的东西，那就是闪耀着毛泽东光辉思想的名篇《为人民服务》。张富清参加中国人民解放军后，正赶上西北野战军军事政治整训，连队组织学习的第一篇文章就是《为人民服务》，为人民服务的思想像一簇火花点燃了他的理想之光，又像一粒种子播在了他的心田，张富清的人生从此有了光明的前景，人生的追求从此有了力量的源泉，人生的大厦从此有了坚如磐石的根基。找到了打开金矿大门的钥匙，获得了寻找宝藏的路径，也就拥有了构建《张富清传》的坚固基石。

老英雄张富清的感人事迹，不仅受到了亿万群众的敬仰和传颂，而且受到了党和国家领导人及相关部门的高度重视，习近平总书记对宣扬学习张富清的事迹作出了重要批示。在我到达来凤之前，中共中央宣传部在来凤刚刚为张富清举行了颁奖大会，授予他“时代楷模”光荣称号；我在来凤采访结束时，中共中央组织部又在来凤举办了颁奖大会，授予张富清“全国优秀共产党员”荣誉称号；就在我全心创作《张富清传》期间，国家人力资源和社会保障部、中共中央组织部、退役军人事务部、中央军委政治工作部等军地相关部门联合表彰张富清为“全国模范退役军人”。2019 年 9 月中秋前后，当《张富清传》完成初稿之时，张富清再次被中共中央授予“第七届全国道德模范”荣誉称号。9 月底，当《张富清传》进行第一遍修改之时，张富清受颁“共和国勋章”。五个荣誉的连续授予，将张富清这位老英雄逐步推上了新时代楷模的巅峰，使他真正成为万众瞩目的先进典范。

既缘于对老英雄的崇敬，同时也出于写作的需要，在那段时间里，我每天都会关注并悉心浏览各大媒体对张富清事迹的报道，但读后总有意犹未尽之感，总感到不够全面、细致、透彻，甚至有着这样或那样的缺憾。老英雄张富清本身就是一个真实的故事，一个当代的传奇。我觉得很有必要从源头上整理，对英雄人物进行全面、完整、纪实的书写，以艺术的塑造完成精神的升华。究竟什么是艺术？巴尔扎克坚定不移地表示艺术“源于生活”，但他同时又认为艺术的真实不等于生活的真实。在《张富清传》的写作中，我追寻艺术的光芒，踏访英雄的人生足迹，力求还原英雄的苦难与悲伤、不幸与磨难、梦想与追求，努力为读者揭示普通人成就英雄的真相与本质，让读者从源头活水中感知“人民才是真正的英雄”这句话中蕴含的深奥哲理。所以也就有了“长工”“奴仆”“瓦子街的转折”“到来风去”“风暴”等篇章，让本质的真实凸现真实的力量，让真实的力量凸现艺术的光彩，把一个可信、可敬、可亲、可爱、可学的先进典范呈现在广大读者面前。

对于老英雄的赫赫战功以及不平凡业绩，人们在赞佩、敬仰、惊叹之余，也提出了一个个发人深省的疑问，经过深思提炼，成为《张富清传》序幕的题记：“是什么让他烈火硝烟当先锋？是什么让他深藏功名六十年？是什么让他扎根山乡做奉献？是什么让他淡泊名利守清廉？是什么让他心装百姓甘吃苦？是什么让他初心永恒葆本色？是什么让他抗击病魔站起来？是什么让他不忘党恩永向前？”一连串问号的背后，正是老英雄对知行合一的忠实诠释，正是老英雄给予当代人奋进的精神力量，正是《张富清传》为读者解开的老英雄隐藏军功章的密码，也正是我从文学的深邃中得以致敬英雄的苦心之所在。

或许有人会问，张富清究竟是一个什么样的人？我认为：首先，张富清是一个饱尝苦难而不惧艰难困苦的人。张富清吃的苦，在常人眼里是无法想象的，在后人看来是无法理解的，本来有些苦他是可以回避的，可他一次次迎难而上：选择到来凤，就是明知山里苦偏向山里行；选择驻队，就是要与群众一道吃苦。对于吃苦，正如他自己所说："我连死都不怕，难道还怕吃苦吗？"其次，张富清是一个勇当突击队员而不怕流血牺牲的人。虽然张富清的战斗生涯并不长，但他自从参加解放军，成为西北野战军三五九旅的一名战士，正好赶上西北野战军由战略防御转入战略反攻的转折时期，也正是西北野战军对国民党军胡宗南部实施连续作战的进攻时期，是小镇小城、重要战略要点不断被攻克夺取的关键时期，每一场战斗张富清都勇当突击队员，每一次胜利的取得无不是先烈用鲜血换来的，仅永丰一役，我西北野战军就牺牲 5000 多人，如今永丰烈士陵园的纪念碑上留下姓名的只有 300 多人，而绝大多数成为无名英雄。第三，张富清是一个战功赫赫而不居功自傲的人。张富清难能可贵之处在于，他深藏功名，甘愿在偏远贫困的山区不断地为社会主义建设再立新功。在他的眼里，军功章只能证明过去，而不能代表未来，正如他所说："我如今还活着，与那些死去的战友相比，我有什么资格拿军功章去显摆。"第四，张富清是一个不为做官而一心只想为人民做事的人。

他朴实纯粹、淡泊名利，几十年在副科级岗位上原地踏步，这在官场上可谓凤毛麟角。张富清离休前，上级银行下达了一个调资增档的名额，他却毫不犹豫地让给了一起工作的副行长，这种对名利的超脱在来凤支行传为佳话。第五，张富清是一个听党指挥、知行合一、坚守初心的人。在战场上，他听党指挥勇当突击队员；在和平建设时期，他一次次听从党的召唤，从武汉到来凤，从县城到三胡，再到卯洞，越走越偏远，无论身处何地，无论在什么岗位，他都做到了永葆共产党员的清廉和纯朴。2019 年 7 月 26 日，在全国退役军人工作会议上，习近平总书记接见与会模范代表并合影留念时，俯下身，双手紧握住张富清的手说："你都做到了。你是全党全国人民的楷模！保重身体，健康长寿。"习近平总书记的褒奖字虽少，却力如千钧，是对张富清一生的高度肯定。张富清之所以能够赢得如此殊荣，如果用一句话来概括，那就是张富清把为人民服务这个崇高的追求，当作初心坚守了一辈子、践行了一辈子、诠释了一辈子，从而成就了一个共产党员不同凡响的精彩人生。

中华民族是一个饱经战争的民族，中国又是一个英雄层出不穷的国度。从古至今，产生了无数可歌可泣的英雄人物，譬如不辱使命的苏武、精忠报国的岳飞、丹心不改的文天祥、抗击倭寇的戚继光，以及近当代涌现的舍身炸碉堡的董存瑞、用身体堵机枪眼的黄继光、烈火中永生的邱少云……他们无不是中国人耳熟能详的英雄人物，他们的英雄壮举无不深深地镌刻在了中国人的记忆中，成为激励中国人奋勇杀敌的力量源泉。张富清这个英雄，不是神化的英雄，也不是被文学典型化了的英雄，他是一个至今活着，可见可看可学的英雄；一个有功不居、再立新功的英雄；一个面容慈祥和善，眼里只有人民，听党的话，跟党走，甘当一辈子突击队员的英雄。

有人会不解地问，为什么张富清在他即将95岁高龄时，还能在半年之内连续获得一系列的崇高荣誉，最后乃至荣获共和国勋章？让我说，这是英明伟大的中国共产党对自己培育成长起来的一个最老实、最听话、最忠诚的“儿子”的肯定、褒奖和激励；是对一段时间以来，一些人迷恋权力、崇尚金钱的不良风气的扭转；是一个不忘初心的崭新新时代的新风向；是一个经历战火与和平时代考验的、可供世人学习效仿的英雄雕像。张富清深藏功名，一辈子坚守初心、不改本色、朴实纯粹的感人事迹，具有巨大的示范作用，将引导、感染和鼓舞当下的人们，正确对待名与利，树立正确的世界观、人生观、价值观，保持共产党员的永恒初心，保持一颗平凡心和进取心。在我们伟大的祖国迈向强盛征途的关键时刻，张富清这个“新时代的楷模”“优秀共产党员”将成为亿万民众学习的榜样，为中国梦的实现提供强大的精神动力。

在当今这么一个伟大的新时代，张富清就是一位伟大的时代楷模。是他用一生不改的初心，书写了共产党员的忠诚；是他用一生不变的纯朴，塑造了共产党员的崇高；是他用一生不悔的奋斗，诠释了共产党员的誓言。在当前改革开放取得辉煌成就的新时代，国家处于繁荣昌盛的新时期，人民生活进入丰富多彩的新阶段，张富清深藏功名、淡泊名利、永葆初心的崇高精神，自然而然地成为我们这个伟大时代的精神坐标，成为中华儿女朝着中国梦不懈奋斗的力量源泉。

在《张富清传》几经修改，正式定稿之际，我首先要对《解放军报》报社文化部刘笑伟主任的鼎力支持表示感谢，还有摄影部记者穆可双友情提供部分珍贵照片，为本书增添价值；感谢中国作家协会、中共陕西省委宣传部和陕西省作协领导以前瞻的眼光对《张富清传》一书给予重点扶持，感谢来凤县委宣传部新闻宣传办公室罗成都主任的积极协调，感谢来凤县人民武装部提供有力的后勤保障，感谢张富清老英雄及其一家人热情积极提供素材并配合采访，感谢我国著名文学评论家、中国报告文学学会李炳银副会长为《张富清传》写下精彩的序言。在此，一并深表谢意！

钟法权

2020 年 6 月于西安